MANUAL DO BOM DIVÓRCIO

Diana Poppe

MANUAL DO BOM DIVÓRCIO

PARA LER ANTES DE SE SEPARAR (OU DE SE CASAR)

principium

Texto fixado conforme as regras do Acordo Ortográfico da Língua Portuguesa (Decreto Legislativo nº 54, de 1995).

Editora responsável: Amanda Orlando
Editora assistente: Elisa Martins
Assistente editorial: Milena Martins
Preparação de texto: Huendel Viana
Revisão: Laila Guilherme e Alyne Azuma
Diagramação: Maria Clara Thedim
Capa: Renata Zucchini
Imagem de capa: Aleutie/Shutterstock

1ª edição, 2017 – 1ª reimpressão, 2018

CIP-BRASIL. CATALOGAÇÃO NA PUBLICAÇÃO
SINDICATO NACIONAL DOS EDITORES DE LIVROS, RJ

P866m

Poppe, Diana
Manual do bom divórcio / Diana Poppe. - 1. ed. - São Paulo: Globo, 2017.

ISBN 978-85-250-6546-9

1. Direito de família. I. Título.
17-44908

CDU: 347.6

Direitos exclusivos de edição em língua portuguesa para o Brasil adquiridos por Editora Globo S.A.
Rua Marquês de Pombal, 25 – Rio de Janeiro – RJ – Brasil
www.globolivros.com.br

Pra você, meu lindo, porque minha vida
é muito melhor ao seu lado.

E pra Marina, porque minha maior
felicidade é você ser minha filha.

Seja lá como for, fico imaginando uma porção de garotinhos brincando de alguma coisa num baita campo de centeio e tudo. Milhares de garotinhos, e ninguém por perto – quer dizer, ninguém grande – a não ser eu. E eu fico na beirada de um precipício maluco. Sabe o que que tenho que fazer? Tenho que agarrar todo mundo que vai cair no abismo. Quer dizer, se um deles começar a correr sem olhar aonde está indo, eu tenho que aparecer de algum canto e agarrar o garoto. Só isso que eu ia fazer o dia todo. Ia ser só o apanhador no campo de centeio e tudo. Sei que é maluquice, mas é a única coisa que eu queria fazer.

J. D. SALINGER, *O APANHADOR NO CAMPO DE CENTEIO*

SUMÁRIO

PARTE III

TEMPESTADE — DIVÓRCIO: FUTURO OU PASSADO?

PARTE IV

BONANÇA — PÓS-DIVÓRCIO: UM NOVO COMEÇO

ANEXOS

POR QUE DECIDI ESCREVER ESTE MANUAL

Eu me formei em direito em 1999. A PUC-Rio, onde estudei, ensinava Direito de Família em dois semestres obrigatórios, com aulas que faziam qualquer estudante, até o mais interessado, cair em sono profundo. Eram horas em que o professor repetia artigos do Código Civil que tratavam do Direito de Família sem nenhuma entonação: "Artigo 1.548, casamento nulo; Artigo 1.550, casamento anulável; Artigo 1.561, casamento contraído de boa-fé". Uma ladainha sem nenhuma graça que não nos dava nenhuma noção do que seria nos tornar advogados especializados em Direito de Família.

Não por acaso, não me interessei nem um pouco pelo assunto durante a faculdade.

Quis o destino, entretanto, que, recém-formada, eu fosse trabalhar em um escritório especializado nessa área do direito. Totalmente crua e inexperiente, a única instrução que recebi me deixou intrigada: tudo que eu escutasse durante o trabalho teria de ser tratado com sigilo absoluto.

Já gostei! Que mistérios seriam esses que eu teria que guardar? Enfim, comecei. Minha tarefa seria fazer toda a parte de redação do escritório, ou seja, todas as peças processuais: petições, iniciais, recursos, defesas etc. Chegavam para mim pastas e mais pastas com resumos daquelas histórias de casamentos terminados e, junto com eles, vinham fotos, cartas, bilhetes, promessas e muitas juras de amor eterno.

Aquele material era como um diamante que brilhava diante dos meus olhos. Eu delirava. Não conseguia parar de ler tudo, olhar para as fotos com cuidado, tentar encontrar o amor naquelas histórias e, também, seu fim. Em que momento o amor havia acabado? Essa era a pergunta que vivia em mim. Ali estavam verdadeiros romances que eu tinha vontade de transformar em literatura, mas precisava descrever com expressões jurídicas sem sentido. Era tudo absoluta, incrível e dolorosamente real.

Um dia, fui incumbida da tarefa de ligar para uma cliente e dar a notícia de que seu processo de separação tinha sido finalmente julgado após quatro anos de muita briga judicial e que ela saíra vencedora, ou seja, seu ex-marido havia sido declarado culpado pelo fim do casamento.

Liguei entusiasmada, certa de que lhe daria uma ótima notícia. No entanto, quando terminei de contar tudo e parabenizá-la pela vitória, escutei do outro lado um retumbante, constrangedor e quase insuportável SILÊNCIO.

Silêncio.

Silêncio.

Ficamos, eu e ela, caladas. Isso deve ter durado um minuto, o minuto que mudou minha história profissional. Enquanto ela não conseguia dizer nada, eu entendi tudo.

Entendi que, com raras exceções, não há vencedores nos litígios em vara de família. O fim, por mais desejado que seja, é sempre triste. É a morte. Ainda que o paciente — o casamento — estivesse em estado terminal, e sofrendo, e a morte fosse o melhor conforto possível, quando ela chega, dói. E o Direito de Família trata desse fim. Trata de ver apagar o diamante que chegara brilhante aos meus olhos.

Isso aconteceu em 2000. Eu tinha 24 anos. Nunca mais saí do Direito de Família.

De lá para cá, muita coisa mudou, inclusive a lei, mas a cultura do litígio ainda nos persegue e continua causando estragos desnecessários aos casais que decidem não seguir mais juntos pela vida. Foi isso que me motivou a escrever este manual. Nos dias de hoje, pode-se sofrer apenas o necessário.

Além disso, já podemos — e devemos — desenvolver novos olhares para um divórcio. Afinal, se ele é imperioso na vida de um casal, é preciso saber aproveitá-lo.

O divórcio vai abalar sua estrutura familiar, geográfica, patrimonial, emocional, social. E vai forçar a reconstrução de todos esses pilares, mas talvez em outro lugar, às vezes até com outro nome, reencontrando amizades verdadeiras, com o que restou da família (de origem e agregada). Porém, o mais importante é que, durante essa reconstrução, você passe a se conhecer mais e melhor, adquirindo uma sabedoria sobre si mesmo que jamais poderia imaginar possível.

Um divórcio bem vivido deve promover seu casamento com você mesmo, e este sim poderá ser feliz para sempre.

Nos meus anos de prática no Direito de Família, testemunhei diversas mudanças na nossa sociedade que implicaram mudanças substanciais nesse Direito. As escolhas dependem sempre das possibilidades, e hoje certamente podemos muito mais do que nossos pais e avós puderam. Entretanto, não é raro que eu me depare com os mesmos problemas do passado, e isso me assusta. Buscamos tantas mudanças no mundo, mas e as mudanças dentro de nós? E nosso olhar para esse mundo novo mudou? Por que repetimos tantos padrões e tantas expectativas quando já podemos fazer escolhas diferentes?

Percebo que, apesar de as histórias de vida serem sempre surpreendentes e únicas, as dúvidas, as angústias e as formas de lidar com os desafios impostos pelo divórcio são comumente as mesmas. Assim, tive a ideia de escrever este manual porque me parece claro que muito sofrimento poderia ser evitado se alguns conceitos fossem discutidos, algumas reflexões, estimuladas, e se os meus clientes tivessem acesso a algumas informações básicas sobre o que significa um processo de divórcio.

Compartilho aqui informações, experiências, dicas de livros e filmes, além de músicas, poemas, enfim, tudo que possa minimizar o desgaste e a tristeza provocados pela experiência do fim de um casamento. Está na hora de um novo olhar. E de novos caminhos diante das novas possibilidades.

PARTE I

BRISA SUAVE

POR QUE NOS CASAMOS?

O QUE É O AMOR, AFINAL?

Afinal, que droga é essa que chamam de amor? Até hoje não nasceu quem fosse capaz de defini-lo. Nem mesmo a menina que tinha mania de explicação:

> *Amor é quando a paixão não tem outro compromisso marcado. Não. Amor é um exagero… Também não. É um desadoro… Uma batelada? Um enxame, um dilúvio, um mundaréu, uma insanidade, um destempero, um despropósito, um descontrole, uma necessidade, um desapego? Talvez porque não tivesse sentido, talvez porque não houvesse explicação, esse negócio de amor ela não sabia explicar, a menina.*
> (Adriana Falcão, *Mania de explicação*)

Não havendo explicação para o que é o amor, e tratando-se de um manual do casamento e do descasamento, a pergunta mais apropriada aqui seria: "Por que nos casamos, afinal?". Ou melhor: "Por que há essa necessidade universal e recorrente de um ser humano se juntar a outro e viver a vida juntos, até que a morte os separe?".

A melhor resposta que encontrei até hoje está nestes versos de Lya Luft:

A solidão é um campo muito vasto
que não se deve atravessar a sós.

Somos sós. Mesmo juntos, somos sozinhos. E, juntos, é mais fácil ser só.

Então o casamento deveria acontecer somente quando encontrássemos nesta vida alguém verdadeiramente capaz de compartilhar conosco nossa solidão. Não se iluda! Seguiremos sós, mas acompanhados. De preferência, BEM acompanhados. O que faz muita diferença.

Ao longo de tantos anos trabalhando sobre os escombros do amor terminado, aniquilado, reencontrado e revivido, aprendi algumas coisas sobre ele. Faço uma pequena lista a seguir:

- **Se a companhia que está ao seu lado não tornar sua vida melhor, caminhe sozinho, porque a existência já é suficientemente dura por si só.**

E, quando falo aqui em "tornar sua vida melhor", não quero dizer "mais fácil". O que quero dizer é que, na contínua busca das respostas para o que somos e o que desejamos ser, e do encontro com nossa melhor versão — individual e em família —, a parceria precisa que um empurre o outro para a frente a maior parte do tempo. Não dá para parar, desistir nem ser condescendente. Estaremos sempre submetidos à vida, portanto, o trabalho será sem descanso. A vida em parceria precisa ajudar nessa árdua tarefa de sermos melhores com nós mesmos e, consequentemente, com o outro.

- **É preciso saber que nosso infinito particular, que temos tanto medo de acessar, é o nosso grande companheiro.**

Aconteça o que acontecer, estaremos sempre na nossa própria companhia. E somos infinitos, nos descobrimos de tantas formas diferentes ao longo do caminho e nos surpreendemos muitas e muitas vezes com nossas próprias atitudes. Como não se surpreender com o outro? Como depositar tanta fé e certeza fora de nós, quando nem mesmo nós sabemos do que somos capazes? **A vida acontece para todos. É preciso compaixão, íntima e recíproca.**

Engana-se quem diz "Eu jamais faria isso!"; ou quem julga: "O que ele fez é imperdoável!". Sejamos humildes. Por mais que tenhamos crenças, princípios e boa oratória, é na hora do "vamos ver" que muitas vezes nos conhecemos. E se não é raro que nossas próprias reações nos surpreendam, que dirá a reação do outro.

Certa vez, eu estava no carro com meu ainda futuro marido, e paramos em um sinal de trânsito. Dois homens em uma moto encostaram ao nosso lado e bateram com uma arma prateada no meu vidro. Olhei dentro do cano daquela arma, que me pareceu infinito, e só me lembro de senti-lo, gelado, na minha testa. Dias depois, me perguntaram sobre essa experiência, e eu disse, com toda a convicção, que não esbocei nenhum tipo de reação. Aliás, como moro em uma metrópole, já tinha uma programação mental definida para um possível assalto: entregaria tudo sem reagir. E, na minha cabeça, assim tinha feito. Entreguei tudo que tinha, e os bandidos foram embora. Foi então que meu namorado me interrompeu: "Como assim, não reagiu? Você afastou a arma da sua cabeça com uma das mãos mais de uma vez!". E eu, pasma, retruquei: "O quê?". Ele repetiu: "Você afastou o cano da sua testa mais de uma vez enquanto pegava suas coisas no carro, pedindo para o homem manter a calma!".

Sinceramente, esse relato me deixa pasma até hoje. Não tenho memória disso, embora ainda possa sentir aquele cano gelado na minha pele. Se fosse prestar algum depoimento depois, poderia jurar que não tinha colocado as mãos na arma, e provavelmente minhas impressões digitais me desmentiriam. Aprendi naquele dia que a velha máxima é mais do que verdadeira: "Nunca diga nunca". Eu, que sempre repetia esse mantra do "nunca irei reagir", acabei reagindo, sem me dar conta, porque na hora do "vamos ver" não tinha ideia do que seria capaz. Agora, apenas digo: "Espero, sinceramente, nunca reagir".

E foi por essa mesma razão que, quando casei, conversei antes com o celebrante e avisei: "Não me peça para prometer nada na cerimônia! Eu espero, realmente, do fundo do meu coração, ser fiel, amar, respeitar, na saúde e na doença, na alegria e na tristeza... enfim, todo aquele discurso que já conhecemos, mas não prometo nada". E, assim, casamos.

A minha intenção bastava. E eu tinha escolhido um futuro marido que se contentava com isso. A recíproca foi verdadeira.

Existir não é tarefa das mais fáceis. Pelo contrário. Mas ainda é melhor do que não existir. Se em algum momento do curso da vida você decidir que é hora de casar, o ideal seria procurar ou reconhecer um parceiro que vá ajudar seu "eu" errante submetido à vida de forma a torná-la menos difícil. Sim, eu disse menos difícil, porque fácil não vai ser. Nem perca seu tempo.

Eu digo busque como quem diz procure. Procure! Não é fácil encontrar um parceiro de vida. Mas você vai achar se souber o que está procurando. Eis a pergunta de um milhão. O que você procurou e o que achou?

Repito: esse é o mundo ideal. No nosso mundo real, onde a dor existe, o casamento simplesmente acontece, e não é incomum que as pessoas sequer saibam por que se casaram, ou por que estão se divorciando. É difícil encontrarmos um motivo racional para o casamento. Justamente por isso, duas informações podem ser importantes:

- **Erro clássico número um: achar que a pessoa escolhida tem, ou teria, potencial para reparos que garantiriam um futuro melhor do que o presente.**

Ninguém muda ninguém. Cada membro do casal se adapta ao outro, ou à vida a dois. Mas suas essências, seus valores, suas predileções e seus times de futebol não se modificam com a convivência.

- **Eis o erro clássico número dois: um bom namorado que você ama não será necessariamente um bom pai para o seu filho.**

Talvez nem um bom marido se transforme também num bom pai. E vice-versa! São relações muito distintas em sua própria natureza. Há solução para isso, já que muitas vezes só na hora do "vamos ver" é que as atitudes se revelam? Bom, solução mesmo não existe, mas ajuda muito conversar sobre o assunto. Que mãe você acha que seria? Que pai você pensa em ser? Aliás, você pensa em ter filhos? Quantos? E a adoção?

Nunca conversaremos sobre tudo, e é impossível ter uma imaginação tão fértil quanto as reviravoltas da vida, mas, se os princípios e valores que gostariam de estabelecer para o projeto que passa a ser comum estiverem alinhados, pode ajudar muito, pois a realidade é indiferente às suas crenças e aos seus desejos.

E por que nos casamos, afinal? As razões são muitas e variadas, mas, pela minha experiência, as mais comuns são:

- a ilusão de viver um sonho;
- a demanda social que precisa ser cumprida (acredite se quiser: a mulher ainda é mais aplaudida aos olhos da sociedade por um bom casamento do que por conseguir uma excelente promoção);
- a vontade de ter uma pessoa para acalmar sua vida e cuidar dos seus filhos;
- você mesmo não queria, mas o outro está cobrando;

- o desejo de encarar a vida com alguém ao seu lado, já que de solidão basta a sua;
- a vontade de começar uma vida com alguém cuidadosamente escolhido.

Qualquer que seja a razão para o pontapé inicial, sempre teremos de enfrentar as circunstâncias da vida. E normalmente os planos e projetos não dão certo. Além disso, há o tempo, o desgaste, a mesmice da rotina, uma sensação de que há vida lá fora e de que seu tempo está só passando. Ou uma troca de olhares, do nada, no meio do supermercado, que faz seu joelho dar uma vacilada e você reviver sensações já esquecidas, a ponto de enlouquecer.

Há muitas razões e maneiras para um casamento começar e acabar. A pergunta a que devemos responder depois da leitura deste manual é: se for para terminar, como isso vai acontecer?

Se o começo estava em suas mãos, o fim também está.

O filme *A guerra dos Roses* é um clássico do divórcio malsucedido. Vale a pena assistir e pensar: apesar de o casal ter realmente se apaixonado, será que deveria mesmo ter casado? O casamento combinava com aqueles dois? Eles queriam a mesma vida? Tinham os mesmos valores? Queriam ter tido filhos? Antes de tudo: conheça seu infinito particular.

"INFINITO PARTICULAR", MARISA MONTE

Eis o melhor e o pior de mim
O meu termômetro o meu quilate
Vem, cara, me retrate
Não é impossível
Eu não sou difícil de ler
Faça sua parte
Eu sou daqui eu não sou de Marte

Vem, cara, me repara
Não vê, tá na cara, sou porta-bandeira de mim
Só não se perca ao entrar
No meu infinito particular
Em alguns instantes
Sou pequenina e também gigante

Vem, cara, se declara
O mundo é portátil
Pra quem não tem nada a esconder
Olha minha cara
É só mistério, não tem segredo
Vem cá, não tenha medo
A água é potável
Daqui você pode beber
Só não se perca ao entrar
No meu infinito particular

AUTOCONHECIMENTO E IDEALIZAÇÃO

O autoconhecimento é o caminho que leva de um viver a outro. Se a vida errada e irrefletida é a consequência inevitável do autodesconhecimento satisfeito consigo mesmo, a vida ética pressupõe o empenho e a capacidade do homem de buscar de forma contínua e incessante a verdade sobre si.

EDUARDO GIANETTI, *O AUTOENGANO*

O amor deveria passar, necessariamente, pelo autoconhecimento. Deveria ter como pré-requisito a comprovação de que o candidato a amar já fez uma viagem muito íntima para dentro de si e descobriu sua capacidade de amar, além de a si mesmo, ao outro.

Amar a si mesmo não é tarefa fácil.

Eu mesma morro de inveja de todo mundo que não sou "eu". Eu poderia ser uma pessoa mais fácil, mais tolerante, com menos verdades preconcebidas e muito menos preconceitos.

Poderia também ter nascido menos ciumenta, menos preocupada e mais inconsequente. Seria ótimo exigir menos de mim e dos outros. E nunca perder o equilíbrio. Isso, então, seria fenomenal!

Para chegar lá, existem vários caminhos: terapia, trabalho, chope com amigos, calmantes... Mas não posso descansar um minuto da árdua tarefa de pretender estar presente na vida em minha melhor versão. A missão não é fácil, mas é a única saída. Precisamos sempre buscar nosso melhor. E, para isso, precisamos nos conhecer. O que às vezes pode ser bastante desagradável.

Se olharmos para dentro de nós mesmos, vamos encontrar de tudo. Mas entender o que trazemos em nosso interior não é o mistério a ser revelado. Somos praticamente iguais por dentro. Todos temos capacidade de sobra para amar e desamar, para provocar afeto e dor. Todos. O que cada um precisa buscar entender é: quem eu quero ser? E que recursos internos vou acionar ou desligar para ser quem desejo?

Quando não nos conhecemos, acabamos entrando no turbilhão de acontecimentos socialmente predeterminados e pouco paramos para pensar se queremos seguir o "curso natural da vida": crescer, procriar e morrer.

Conforme os anos passam, a pressão só aumenta. E a tia pergunta. E o pai quer saber. E a amiga casou. E o amigo teve filho. E a mãe sonha em ser avó. E a vida está sem sentido, e a viagem para dentro de si é tão difícil... Mais fácil tentar o que todo mundo repete. Deve ser bom esse tal de casamento. Deve ser bom, afinal, esse negócio de ter filho. Dizem que é o amor mais poderoso que se pode experimentar. E não é isso que desejo? Um grande amor?

Esse é o clássico início de uma sucessão de erros.

Dizem que, quando um avião cai, não há uma única razão para a tragédia. É sempre uma cadeia de infortúnios que se sucedem até levar ao desastre. O mesmo acontece com o destino. Um mau passo agora implica uma consequência lá na frente. Se não era para casar, muito menos seria para ter filhos. Se não era para ser heterossexual, muito pior é casar com alguém do sexo oposto. Se o casamento já está ruim, outro filho vai agravar irreversivelmente a situação.

E, se é para divorciar, acione toda a sua capacidade de amar e ter compaixão, porque, **se sua vida afetiva não se resolveu no casamento, talvez ela possa se resolver com o divórcio.** Não se esqueça de que um divórcio bem vivido é uma tremenda oportunidade de crescimento pessoal.

Porém, como a busca pelo autoconhecimento raramente acontece, o compasso social bate à sua porta, e você se vê dentro do turbilhão de acontecimentos "básicos" e "naturais", sem ter se perguntado se queria mesmo aquilo para a sua vida. São grandes as chances de você ter embarcado nessa por insegurança, medo, cobrança, carência, posse, pressa, ilusão. E um relacionamento que tenha começado com qualquer uma dessas motivações já está, de alguma forma, comprometido.

Partindo da premissa de que, se não nos conhecemos, não nos amamos e, se não amamos a nós mesmos, não podemos amar o outro, a verdade é que o desamor está presente em muitas relações afetivas. E, como diz Nelson Rodrigues em *A vida como ela é*, em um casal, "pior do que o ódio é a falta de amor". Penso que isso diz respeito não apenas ao casamento, mas a todas as relações de afeto: amizade, paternidade, maternidade, fraternidade, e por aí vai.

"Entrar para dentro." Esse pleonasmo se transformou num enigma curioso nesses tempos que nos empurram cada vez mais para fora. Há uma demanda social para a exposição, e o sucesso das redes sociais seguramente se deve muito ao fato de que elas nos ajudam a ficar ainda mais distantes de nós mesmos, elas nos distraem e iludem sobre nossa própria imagem e sobre a imagem que os outros acessam de nós. Que ótima solução para não termos que "entrar pra dentro". É como se respondêssemos: "Ah, mãe, deixa eu brincar um pouquinho mais aqui fora!". Só que o dia se torna noite. A vida envelhece. Tudo na vida passa.

Então, antes de qualquer coisa, tente se descobrir. Eis algumas perguntinhas boas para ajudar nesse processo:

Quem é você? Do que você gosta? O que pode tolerar? Que vida gostaria de estar vivendo em três anos? Quem estaria ao seu lado? Por quê? O que o faz feliz? O que parte o seu coração? O que é imprescindível para você? Deseja ter filhos? O que não faria a menor falta? O que pode melhorar na sua vida? O que você pode fazer para isso acontecer? Você se considera uma boa companhia para si mesmo?

Essas questões têm um cunho muito particular, egoísta mesmo. Mas não se engane: a vida em sociedade demanda uma boa dose de individualismo, pois só em paz consigo mesmo você poderá estar em paz com o outro. Só amando a si mesmo você poderá amar ao outro. Para sermos macro, precisamos antes nos permitir ser micro.

Ser protagonista de um grande amor, em sua própria história. Quem não quer isso para a sua vida? Passamos uma existência inteira consumindo romances improváveis entre casais que enfrentam guerra, fome, traição, poder, rebeldia, que renegam os luxos e terminam num glorioso final feliz. A literatura, a música e o cinema nos inundam com sua capacidade de fazer sonhar e, mais grave, fazer acreditar na possibilidade de esse sonho se tornar real. É a praga da idealização. Hollywood deveria pagar por danos morais a cada espectador que chora em seus filmes.

Todos os obstáculos poderiam ser enfrentados em nome do ideal do grande amor: a estrutura hierárquica das famílias patriarcais, a Igreja, o sobrenome, a fortuna, as diferenças sociais. Nada poderia evitar a saga de cada um em busca de sua própria história de amor. E, quanto mais acidentado o caminho, maior a conquista: romper com tudo para cair nos braços do ser amado faz parte do romance e até enfeita a história.

Seja qual for o contexto, a semente do amor sonhado um dia começa, enfim, a brotar silenciosamente dentro de cada um. A estreia do angustiado protagonista da sua história de amor tem a realidade como cenário, e o sonho como roteiro. Quem consegue adaptar esses dois mundos tão opostos pode se parabenizar. Normalmente, é uma missão impossível.

Quando finalmente os protagonistas ficam juntos, de mãos dadas, tendo enfrentado tudo e todos, os filmes e romances terminam. Mas, na vida real, é aí que começa o caminho comum, a vida a dois, a parceria. Como encarar a realidade? Logo ela, o oposto do sonho. O mau hálito, o joanete, a falta de dinheiro, o filho que nasce do prazer mas custa caro, chora, faz cocô, xixi, não parece com ninguém e ainda morre de fome. As contas, as dívidas, os amigos chatos do outro, a sogra metida, o sogro folgado, a casa bagunçada... Todas as questões que surgirão da convivência, da intimidade, da parceria, podem ser também um grande barato quando há leveza e bom humor nos relacionamentos. Ou seja, a realidade pode ser até melhor e mais surpreendente do que o sonho.

Mas o vilão sempre está à espreita, e ele tende a se esconder na expectativa de que o romance não esteja sujeito a nós mesmos. Além disso, o problema também reside na expectativa do casal sobre a vida, como se ela estivesse sob controle dos amantes. Logo ela, a que mais nos surpreende, que é capaz de mudar tudo, de um dia para o outro, e seguir indiferente aos efeitos de sua atuação.

O amor é mais verdadeiro quando se sabe vulnerável. Idealizar é sempre um perigo. Causa enorme frustração, não há como evitar. E a realidade pode ser muito mais interessante, desde que a gente se deixe surpreender.

A história de Raquel e Augusto* ilustra bem a armadilha que a idealização representa. Os dois se conheceram na década de 1970, no Rio de Janeiro. Ela era sofisticada, apesar de não ter nascido na Zona Sul. Vivia bem, mas estava muito longe do glamour que a fascinava. Já ele era bem-nascido, morava em uma casa de frente para o mar, mas no fundo gostava da vida simples que levava, praticando esportes, bebendo no botequim com os amigos de sempre e ouvindo suas músicas românticas.

Conheceram-se numa festa. Augusto achou Raquel linda e divertida, mas não queria nada muito sério. A mãe dele, no entanto, entendeu que a menina tinha talento e seria uma ótima esposa, e orientou o filho a se casar. E assim foi feito. Como presente de casamento, ganharam a casa de frente para o mar, que Raquel arrumou com bom gosto. Ela comprou roupas lindas para Augusto, que nunca ligou para o que vestia. Seguia indo à praia, tomando sua cerveja e ouvindo suas músicas.

* Todas as histórias citadas ao longo deste livro tiveram os nomes e as características dos personagens trocados, para preservar suas identidades.

As festas com que ela sonhou, baseada apenas na sua imaginação e na boa procedência do marido, nunca aconteceram. Augusto nunca saiu do botequim, onde era feliz de chinelo. Mais para cumprir expectativas do que por um desejo genuíno, tiveram três filhos, que ela precisou criar e que a deixaram sem tempo para viver a vida glamorosa que idealizara. As brigas passaram a ser constantes, diante de expectativas tão evidentemente diferentes. Quando os gêmeos fizeram 5 anos, o divórcio foi inevitável.

Ambos se casaram de novo. Augusto, com uma mulher que dizia adorar botequim e cerveja, mas que queria mesmo era casar. Raquel, com um homem que a levou para conhecer o mundo. Com o tempo, a segunda mulher de Augusto cansou do botequim. O segundo marido de Raquel morreu. Trinta anos se passaram, e os dois voltaram a se falar quando nasceu o primeiro neto.

Sozinhos e com vários netos que os reaproximaram, Augusto passou a frequentar cada vez mais a casa de Raquel, até que um dia pediu para voltar — não para ela, mas para aquela casa, para o ambiente familiar. Os filhos ficaram surpresos. Os netos acharam normal. Os dois vivem em quartos separados e cuidam um do outro numa relação que, finalmente, evoluiu para um apreço interessante.

Ele está feliz da vida porque, para quem não queria nada, hoje tem filhos e netos que entram e saem da casa trazendo novidades e movimento e às vezes até o encontram no botequim, pois herdaram dele o gosto pela cerveja. Ela, depois de correr o mundo como bem quis, hoje está feliz contando para os netos histórias sobre os lugares incríveis que conheceu. Juntos novamente depois de quase trinta anos, Raquel e Augusto puderam, enfim, ficar amigos e se adequar à realidade, já livres das expectativas de outros tempos que tornaram seus caminhos tão tortuosos.

PARTE II

MARES REVOLTOS

PRÉ-DIVÓRCIO: O FIM DO CASAMENTO

COMO DECIDIR QUE ACABOU?

Quando não é mais capaz de citar nenhuma razão para estar junto, o casal deve se separar, o que significa fechar a porta daquela história para poder abrir uma janela, ver novas paisagens e respirar outros ventos. O casamento não pode ser uma prisão. Ele deve tornar a vida melhor.

Se a porta não fecha, nenhuma janela se abre. Esse limbo é a etapa a ser vencida. É o processo do divórcio. Você já saiu do casamento e entrou numa sala escura onde não se enxerga nada. Dor, tristeza, medo, vazio, nenhuma referência, nenhuma luz e muitas vozes — as suas e as dos outros, que adoram dar palpite, mas dificilmente dão somente um abraço ou um lencinho de papel em silêncio.

Nesse lugar escuro e assustador, você precisará andar com as próprias pernas e com os braços esticados para a frente, tateando, buscando algum apoio no qual consiga se segurar até encontrar a saída. Mas, para que suas pernas estejam firmes, a única certeza que você precisa ter é que não pode mais voltar para aquela vida que persiste na porta entreaberta. Decidir fechar a porta exige coragem, maturidade e a certeza de que naquele lugar já não há vida para você.

Se o casamento é bom (ou seja, se você ainda consegue elencar motivos para permanecer casado), ele deve ser maior do que os imprevistos — aos quais todos estamos sujeitos — e mais importante que insatisfações passageiras. Mas atenção: na hora de listar as coisas boas do seu casamento, não valem pretextos como "Ela é boa mãe" ou "Ele é bom pai". As pessoas seguirão sendo bons pais e mães, independentemente de estarem casadas ou divorciadas. É preciso enumerar as questões pessoais da sua alma que são atendidas pelo seu casamento, ou seja, se a sua vida particular estaria melhor ou pior sem aquela pessoa a seu lado.

Não aja por impulso. Brigue, sim! Brigar faz parte de toda história de amor, mas não coloque tudo a perder de forma que você possa se arrepender depois. E, se houver arrependimento, mostre-se arrependido. Desculpar-se faz parte da vida. Descobrir uma "traição" pode ser insuportável, mas os tempos mudaram.

Quando o caso é uma briga horrorosa, cuidado. Tenha maturidade para se conter e não pronunciar palavras que nunca mais poderão ser desditas. Não é fácil, mas vale a pena tentar. Durma refletindo sobre o problema e veja que luz o dia seguinte pode trazer. Digo isso porque já vi muitas pessoas tomarem a decisão de se divorciar no calor da emoção e depois, mesmo arrependidas, não poderem voltar atrás.

Apenas uma ressalva: quando digo *briga horrorosa,* não chego nem a cogitar agressão física. Um casal que, ao brigar, chegue à violência física não merece uma segunda chance. O agressor precisa ser afastado na primeira ocorrência, e há delegacias por todo o país especializadas em ajuda e proteção da vítima e dos filhos. Procure imediatamente ajuda de autoridades competentes e especializadas nesse tipo de crime; não tenha medo nem pense em relevar. O agressor não interrompe esse movimento. A vítima, sim.

SEUS INTERESSES *VERSUS* OS INTERESSES DA FAMÍLIA

Acontece que você faz parte de uma família. Até que ponto sua insatisfação pessoal deve se sobrepor aos interesses das pessoas que você mais ama? Essa decisão pode parecer egoísta, mas não é. O todo precisa das partes, caso contrário ele já não existe, passa a ser apenas um arremedo do todo que não faz bem a ninguém.

Cada caso tem as suas particularidades, claro, mas como regra geral é muito importante amadurecer a ideia do divórcio para que essa decisão seja tomada de forma consciente, porque é raro conseguir voltar atrás.

Quando o casal tem filhos, o bem-estar deles deve estar acima de tudo. Mas, para seu filho estar bem, *você* precisa estar bem, portanto, fique bem primeiro, e ele ficará bem depois — como as instruções de emergência nos aviões sobre as máscaras de oxigênio: primeiro ponha em você, depois ajude a criança ao seu lado. Se o casamento não está bom para você, ele certamente não está bom para os seus filhos. Crianças têm uma capacidade de adaptação impressionante e surpreendente. Elas só não gostam de ver os pais sofrer, portanto, manter o casamento a qualquer custo vivendo uma mentira não é bom para ninguém.

QUANDO VOCÊ É O PORTADOR DA NOTÍCIA

É raro — para não dizer impossível — a decisão de terminar o casamento ser tomada ao mesmo tempo pelos dois. Uma pessoa será a portadora da notícia e se tornará automaticamente considerada a "responsável" pelo fim, aquela que tirou a trava da granada e a arremessou, o mensageiro do apocalipse. Isso, no entanto, é uma ilusão. **Não se chega ao fim sozinho.**

Mas, até a poeira baixar, a responsabilidade pela tomada de decisão pode ser um grande fardo, então confie em você e na sua intuição, mas tenha certeza de que acabou. Assuma a responsabilidade por seus atos e pelas consequências de suas atitudes. Tente não se sentir culpado por estar sendo íntegro e fiel a seus verdadeiros sentimentos. Sempre vai ser necessário que alguém tome essa atitude, e nessa hora o medo é o maior inimigo.

Por mais que seja muito triste provocar dor e sofrimento em pessoas que são importantes e que você realmente gostaria de preservar, saiba que a felicidade dos outros não depende de você. A dor e o sofrimento fazem parte da vida de todo e qualquer ser humano. Não há como evitar, mas é possível minimizá-los. Como? Sendo honesto, íntegro, cuidadoso, não se deixando agir por impulso e com base na incerteza. E pensando na maneira mais gentil possível de contar ao outro sua decisão.

Às vezes não dá, mas é bom tentar e, quem sabe, se surpreender.

COMO ACEITAR QUE ACABOU?

Quando a decisão não foi tomada por você, parece mais difícil, mas na verdade há uma troca de sentimentos. Quem decide e dá a notícia carrega a culpa pelo fim e pela tomada de decisão. Quem recebe a notícia não carrega a culpa, mas enfrenta a rejeição, que é algo bem complicado, ainda mais quando já há outra pessoa na história, ou quando o casamento não era uma maravilha, mas o marido ou a esposa nunca tinha cogitado a ideia do fim. É muito difícil. Uma coisa é ver ruir um mundo ao qual você já não pertencia. Outra coisa é ver desmoronar o seu mundo e, com isso, perder as referências, os projetos, a casa, o tempo com os filhos, enfim, situações que a pessoa teria feito de tudo para manter.

Um casamento precisa de duas pessoas para funcionar. Se um tomou a decisão de terminar e já se tentou de tudo, não há nada que o outro possa fazer a não ser aceitar. O casamento precisa da vontade de dois. Para o divórcio, basta a vontade de um. E esse um poderia ser você. É terrível, é devastador, mas seria ainda pior seguir na vida de casado acreditando ser amado quando já não é. Lembre-se de que seu maior amor tem que ser, antes de tudo, você mesmo.

Em vez de se perguntar por que isso está acontecendo na sua vida, pergunte-se o que você precisa fazer para sair dessa vida e viver outra. Muito em breve, novos e surpreendentes caminhos vão surgir à sua frente.

Sobre tentar lidar da melhor maneira com situações muito difíceis sem perder tempo lamentando ou perguntando "por que comigo?", recomendo dois filmes: *O enigma chinês*, de 2013, dirigido pelo francês Cédric Klapisch, e *Os descendentes*, do diretor norte-americano de origem grega Alexander Payne, lançado em 2011.

COMO CONTAR AOS FILHOS?

Resposta correta, simples e óbvia: juntos.

Não importa a idade ou o grau de maturidade dos seus filhos. É fundamental lhes assegurar que a história do casal é anterior aos filhos. Que eles não são a razão do começo, nem jamais serão a razão do fim. Seguirão amados, como sempre foram, pelo pai e pela mãe, que não perdem esse título com o fim do casamento. Nem os pais deixam de ser pais, nem os filhos deixam de ser filhos.

Resposta errada, complexa e nada óbvia: separados, deixando o ressentimento falar mais alto.

A decisão foi tomada, seu mundo caiu, e você está naquele vácuo sem luz, sem saída, sem chão. Todos os sentimentos se confundem, mas um quase sempre permanece puro, verdadeiro, genuíno: o ódio do ex-cônjuge. Como combinar de falar com seus filhos com aquela pessoa que você já não conhece e acha que nunca conheceu, que é um erro em sua vida, que você despreza e rejeita?

Pode parecer impossível, mas, pelo bem dos filhos, tente. Combinem que tratarão exclusivamente desse tema, advirtam-se para não trazerem nenhum outro assunto, alfinetada, juízo de valor ou piadinha sem graça e tentem cumprir o dever de pais, pois ninguém é obrigado a ficar casado sem vontade, mas todos os pais têm obrigação de criar e cuidar dos filhos, então façam isso da forma correta. E qual é a forma correta? A que for melhor para os filhos.

Se você já tentou contar para os seus filhos junto do seu ex, mas não conseguiu, a melhor alternativa é cada um contar sozinho, mas mantendo os mesmos combinados: não trazer nenhum outro assunto, alfinetada, juízo de valor ou piadinha sem graça nem, o pior de tudo, colocar a culpa no outro.

Frases proibidas nessa hora:

"Eu e mamãe vamos nos separar porque ela não quer mais o casamento. A vida com a gente já não a fazia feliz."

"Eu e seu pai nos separamos porque ele arrumou outra namorada, e nossa família não era mais importante para ele."

Imagine o que significa, para uma criança mexida, insegura e triste com tudo que está acontecendo escutar uma revelação dessas? Que estrago na vidinha dela. Pode não parecer grave na hora e sua vontade ser de simplesmente contar "a verdade" para seu filho, mas não se esqueça: essa é só a sua verdade. E seu filho deve ser poupado dela, mesmo que você tenha razão.

Na minha prática profissional, infelizmente, tenho muito contato com casos tristes na relação entre pais divorciados e filhos. A história de Patrícia e Alexandre é exemplar nesse sentido. Ela engravidou no começo do namoro, logo se casaram e tiveram o segundo filho pouco depois. Estavam juntos havia treze anos, mas nos últimos três o casamento andava mal. Chegaram a conversar sobre um possível divórcio, a pensar juntos como fariam com as crianças, mas nunca chegaram às vias de fato.

Tinham finalmente terminado a reforma da cobertura onde moravam, organizavam churrascos onde gostavam de receber as famílias, que se davam muito bem. Assim, iam adiando a tomada de decisão, apesar de já não terem mais sequer relações sexuais. Eram jovens, ele, 40 anos, ela, 38. O fim já era um fato que precisava apenas ser encarado, mas não era.

Aí veio a vida. Ambos estavam evidentemente carentes de afeto, mas o destino o tocou, num roteiro pouco original. Uma amiga do trabalho virou confidente, despertou desejos já adormecidos e virou amante. Patrícia desconfiou e confrontou o marido. Ele, querendo preservar qualquer coisa que não sabia bem o que era, negou, mas ela acabou descobrindo, de uma forma também pouco original e pouco honrosa: abriu os e-mails dele e leu o que jamais deveria ter lido.

Essa é a hora em que, na confusão dos sentimentos, a raiva e o ressentimento se destacam. O resultado não é bonito. Com o orgulho ferido, Patrícia contou para todos o que leu, encaminhou os e-mails de Alexandre para amigos e parentes, tentando destruir a imagem dele — e, de quebra, salvar sua própria.

E aí vem a pior parte: não contente em arruiná-lo perante amigos e familiares, Patrícia falou horrores para os filhos e proibiu o contato deles com o pai. Quando Alexandre reclamou, ela argumentou: "Primeiro, acho estranho seu interesse em estar com os meninos quando deveria ter pensado neles antes de destruir nossa família. Segundo, não conheço mais você e não quero meus filhos convivendo com um estranho".

O acordo de guarda e convivência começou a ser trabalhado entre os advogados dos dois, mas a decepção de Patrícia pela traição descoberta, ainda que no fundo soubesse que já não havia casamento, mexeu com seu orgulho, alterou completamente a imagem que tinha de Alexandre, e ela chegou ao ponto de questionar sua capacidade de ser pai. Ele assumiu toda a culpa, ainda que isso fosse discutível, mas não admitia que seu papel de pai fosse questionado, pois para ele, evidentemente, uma questão não interferia na outra.

Para ela, no entanto, virou tudo uma coisa só. Não foi possível convencê-la da necessidade de "separar as estações". A incapacidade de Patrícia de sair de sua dor e olhar para os filhos, que não queriam perder o contato próximo com um pai tão querido, sem dúvida deixou marcas nas crianças e, inclusive, no exercício de sua maternidade. E essa conta os filhos cobram, lá na frente. É tiro e queda.

Como pedir a essa mulher, cega em sua dor, para repensar seus movimentos, para sair de dentro de si e enxergar seus filhos? Há profissionais especializados que podem ajudar nesse movimento, pessoas que podem e devem trazer alguma lucidez a esse momento de irreflexão e sofrimento: advogados de família conscientes de seu papel de agentes de pacificação social, terapeutas formados para tratar das dores da alma. Em situações como essa, esses apoios e essas orientações devem ser sempre procurados. Uma escolha acertada, ou errada, é capaz de mudar o destino das famílias. Os amigos e familiares que receberam os e-mails encaminhados dificilmente conseguirão ajudar.

COMO CONTAR AOS OUTROS?
A PERIGOSA REDE DE APOIO

Chegamos ao ponto em que é preciso abordar a famosa e temida rede de apoio. Todo cuidado é pouco nessa hora, pois o tema é muito delicado. Lembra daquela sala escura em que você está perdido, tateando? É muito difícil estar ali dentro, na escuridão, com o coração partido. Os medos, as dúvidas, a falta de perspectiva para o futuro fazem com que a primeira reação seja buscar ou resgatar todas as referências.

Trazer mais gente para aquela sala, não estar só, é uma atitude quase automática.

O bom amigo dessas horas, seja da família ou não, deve apenas sentar ao seu lado, estender uma caixa de lencinhos de papel e ficar em silêncio, deixando que você fale o que quiser e praticando uma escuta amorosa. Esse amigo diz uma ou duas palavras e, no final, lhe dá um abraço apertado. Só isso, e nada, nada mais.

Quando se fala tudo que se quer, na verdade o que está sendo dito é a sua versão da história, que está muito longe de ser imparcial. Alguns pontos são exagerados em detrimento de outros, há uma grande tendência de se colocar no papel de vítima e uma propensão quase automática de jogar no colo do outro as culpas e as responsabilidades por tudo que aconteceu.

E, no entanto, se examinarmos com cuidado, veremos que não é bem assim. Se somos capazes de erros e acertos, o outro também é. Só o casal sabe da sua história. Mesmo assim, cada um tem uma versão diferente, e muitas vezes essas versões não têm nada em comum. Quem está de fora não sabe de nada — mas tem opinião.

Para a avó é de um jeito. O amigo teve uma experiência péssima. Pai e mãe não são os melhores conselheiros porque para eles o divórcio dos filhos também é o fim de uma história com aquele genro ou aquela nora. Eram todos uma família, agora não são mais, e cada um abraça seus filhos. Tantos sentimentos se confundem nesse momento. Todo cuidado é pouco.

Da mesma forma, também é preciso ter atenção com os amigos. Além de, de certa maneira, se abalarem com o fim, eles tendem a misturar algumas estações, trazer frustrações pessoais, mágoas antigas, falar o que não devem e, a pior das atitudes, colocar lenha na fogueira. Em vez de só ouvir, são cheios de opinião, além de encorajar decisões que não deveriam passar de meras palavras ao vento, de um desabafo. Por fim, confessam: "Nunca gostei dele(a)", ou coisa pior. Vira uma catarse coletiva num momento só seu, com uma dor que é só sua.

Fique com a sua dor. Os amigos, por melhores e mais importantes que sejam, também estão na vida, encarando a própria realidade. Há frustrações para todos os lados. Há inveja da coragem. Há inveja da vida que você levava. Há tristeza pelo fim. Há uma alegriazinha pelo fim. Há o desconforto de cada perda particular.

A dor diminui com o tempo e um dia passa. A primeira semana é pior que a segunda. Depois, a terceira é a pior de todas, e a quarta fica ótima. Na quinta, não dá pra levantar. E na sexta você se matricula na academia. A vida entra num vaivém de emoções que oscilam entre euforia, desespero, otimismo, pessimismo, revolta, ódio, amor e compaixão. Vive-se em rápida sucessão os cinco estágios do luto – negação, raiva, barganha, depressão, aceitação –, e a comparação não é descabida, afinal o divórcio é a morte de um relacionamento.

Nessa loucura que vira a vida, nada pode ser de fato levado em consideração, porque às vezes o ódio que você estava sentindo numa semana, e que terminou em bravatas do tipo "Ela vai ver!!!", pode já não fazer sentido dois dias e vinte chopes depois.

O problema é que aquele amigo ou parente que esteve ali confortando você no seu pior momento pode não ter se recuperado em dois dias como você. Afinal, ele não sabe a história toda, tem só a sua versão como referência e pode ter ficado realmente indignado. Ele não sabe o que você também fez para provocar "aquilo tudo". Então fica ciente apenas de revelações *parciais*, surpreendentes, de que ele nem desconfiava e que o fazem detestar aquela pessoa de quem já gostou muito um dia. Pode haver uma sensação coletiva de traição. Seu amigo também se sentiu enganado.

Nesse ponto, você, que é o protagonista do seu divórcio, apesar de já ter intimamente perdoado aquilo que relatou com tanta fúria (sempre aumentando um ou dois pontos), acaba se vendo em uma enrascada. Agora você precisa ser fiel à sua rede de apoio. Como dizer que vai relevar? Que na verdade não foi *beeem* assim? Que naquele dia você se "esqueceu" de contar outro detalhe da história? Como trair quem estava do seu lado no momento mais difícil?

Isso é muito mais comum do que as pessoas imaginam. E o resultado é que a pessoa se vê na impossibilidade de seguir adiante e virar a página, pois está amarrada às expectativas dos outros, que, por sua vez, estão vinculadas ao que você disse da boca para fora ou de forma exagerada num momento catártico. O que era para ajudar acaba atrapalhando — e muito.

Portanto, todo cuidado é pouco na hora de escolher quem vai ouvir você. E lembre-se do provérbio árabe que diz: "Onde não há testemunha, não há ofensa". Isso evitará mais problemas. E tenha em mente que há profissionais especializados nos pesares da alma que são realmente capazes de ajudar.

Com a palavra, Fernando Pessoa:

Não só quem nos odeia ou nos inveja
Nos limita e oprime; quem nos ama
Não menos nos limita.
Que os deuses me concedam que, despido
De afectos, tenha a fria liberdade
Dos píncaros sem nada.
Quem quer pouco, tem tudo; quem quer nada
É livre; quem não tem, e não deseja,
Homem, é igual aos deuses.

A CULTURA DO LITÍGIO

No capítulo anterior, falei sobre a tendência de se colocar no papel de vítima e de jogar no colo do outro as responsabilidades por tudo que deu errado. Essas atitudes são resquícios da nossa Lei do Divórcio (Emenda Constitucional nº 9/77), revolucionária e possível graças a uma árdua batalha do senador Nelson Carneiro. Todavia, para conseguir implementá-la, o político baiano precisou acatar algumas condições do Estado. Dentre elas, a mais grave e prejudicial foi a necessidade de justificar perante o juiz a decisão de se divorciar, condição essa que obrigou os casais a prestar contas de sua decisão a terceiros.*

Essa ideia dos legisladores da época – que provavelmente lhes pareceu um brilhante artifício para provocar uma desistência e dificultar ao máximo a vida de quem queria se divorciar – provocou um atraso social evolutivo que, em última análise,

* Nos anexos deste manual, trago o contexto histórico do divórcio no Brasil e a formação da cultura do litígio para quem quiser se aprofundar e entender melhor esse tema que ainda se faz mais presente do que deveria.

fez — e ainda faz — o Estado perder muito tempo e dinheiro com demandas judiciais intermináveis e desnecessárias. Até hoje sofremos com as consequências dessa solução.

Mas, enfim, era 1977, e foi o possível para a época. Ainda que a legislação hoje seja outra, a cultura do litígio ainda é muito presente, porque historicamente não desenvolvemos a capacidade de nos responsabilizar pelo fim daquele projeto comum. O divórcio era o fracasso não só de um plano particular, mas também social.

O descasado (ou desquitado, termo que do ponto de vista jurídico nem existe mais, entretanto, ainda é usado pelas gerações mais antigas) paga seu preço na sociedade machista até hoje. No íntimo, quase todos julgam, e o descasado ainda é socialmente visto como alguém que "não foi capaz de manter um casamento". É mais fácil se perceber perfeito e atribuir ao outro a culpa de uma vida em comum insuportável, do que fazer uma repartição honesta das responsabilidades pelo fracasso do projeto a dois. É triste, mas a cultura tem dessas coisas, e é difícil se livrar dela. Mesmo que cada um já tenha uma atitude mais positiva e moderna diante do divórcio, a opinião dos outros segue como um fardo.

Além disso, nossa imagem sobre nós mesmos tende a ser a melhor possível. Não precisamos ser perfeitos, precisamos é nos perdoar e perdoar aos outros. Quantos erros e arrependimentos acumulamos em nossa vida? Quantas vezes vacilamos e percebemos depois que poderíamos ter sido muito melhores do que fomos? Mas há a necessidade de nos defender, de tudo e de todos, como se o mundo estivesse aí só para nos julgar e condenar.

Aceite-se. Busque sempre sua melhor versão, sabendo que nunca vai dar para ser perfeito. Pelo contrário, acordamos todos os dias prontos para acertar e para errar. E é exatamente isso que fazemos todos os dias: acertamos e erramos. Só falta prestar atenção nisso para nos orgulhar dos acertos, corrigir os erros e seguir em frente conscientes de que estamos fazendo o nosso melhor, dentro das circunstâncias. O que é possível é o suficiente. O seu melhor é o suficiente.

Uma sugestão que ilustra bem esse tipo de caso é o romance *O primo Basílio*, de Eça de Queirós, bem como a minissérie baseada nessa obra. Trata-se de uma história sobre sonho e machismo, mostrando que tudo já foi muito mais difícil em outros tempos.

Um dos casos mais impressionantes com que já me deparei em toda a minha vida profissional foi o de Carmen e seus filhos. Sua história mostra como é grande a força das circunstâncias, e como temos pouco controle sobre o que acontece em nossa vida, mesmo quando temos as melhores intenções.

Carmen se casou com o namorado da vida toda tão logo se formou. Os dois eram médicos, e durante nove anos ela tentou engravidar. O desejo de ter um filho era muito mais dela do que dele, tanto que Carmen já tinha feito todos os exames para saber se tinha algum problema, mas seu marido se recusava a fazer o mesmo. Até que ela cansou e decidiu se separar.

Por ironia do destino, Carmen engravidou do primeiro sujeito que encontrou numa noitada. Não sabia nem o nome dele, mas ficou tão feliz quando descobriu que nem pensou duas vezes e decidiu ir em frente com a gravidez, assumindo a produção independente. Sua primeira filha nasceu, portanto, sem pai, mas Carmen trabalhava e achava que não precisava de ninguém para realizar seu grande sonho.

Passado algum tempo, Carmen se envolveu com outro sujeito e, da mesma forma, logo engravidou. Caramba! Segundo filho! Que bom! Ela sempre quis uma família grande. Esse parceiro quis assumir a criança e acabou assumindo também a primeira menina, dando seu sobrenome para ela. O casamento, no entanto, nunca foi bom. Em pouco tempo ele experimentou o caos de uma rotina com dois filhos pequenos em casa, cansou de tudo e... foi embora. Carmen trabalhava bastante, tinha comprado seu próprio imóvel e vivia agora mais afobada, com dois filhos, nenhum companheiro, muitas despesas e muito trabalho, porém feliz pelos sonhos realizados e sempre confiante de que tudo daria certo.

Acontece que o pai da primeira filha apareceu querendo reconhecê-la, mas como a mesma tinha o sobrenome de outro pai, ele moveu uma ação judicial contra Carmen e o pai do segundo filho, e ela gastou tanto dinheiro no processo que precisou vender o apartamento que tinha comprado.

Sozinha, morando de aluguel e com dois filhos para criar, ela se envolveu com um terceiro sujeito que logo em seguida faleceu, deixando Carmen grávida do terceiro filho. A família dela se reuniu nesse momento e pediu para ela desistir dessa última gravidez, mas Carmen nem sequer cogitou a hipótese de tirar o filho. No fundo, nunca faltou a ela a vontade de ser mãe. Encarou a tudo e a todos. Entretanto, sua vontade não foi suficiente diante das forças da vida.

Quando me procurou, aos 50 anos, Carmen estava arrasada. Já não tinha pique para trabalhar tanto, tinha perdido seu único imóvel e precisava pagar aluguel, três mensalidades escolares e alimentação, não tinha tempo para nada e, acima de tudo, era preciso lidar com três seres humanos em casa, cada um com suas próprias demandas, questões e dificuldades. Em comum, os três filhos cobravam de Carmen um pai e a culpavam por suas escolhas. Ela foi sempre a mais bem-intencionada, mas nem por isso a vida foi condescendente. E, para cada decisão que tomou na certeza de que nada de ruim poderia vir de sua vontade de ser mãe, houve – e há – consequências sobre as quais ela não tem controle.

O AUTOCENTRISMO, QUE MALDIÇÃO!

Que maravilha não ser o centro do universo. O sol vai nascer amanhã, independentemente de o seu mundo ter desabado e, ainda que você não enxergue nenhuma luz, ele está lá fora, brilhando como sempre.

Lembre-se de que muitos outros divórcios já aconteceram antes do seu, em épocas muito mais difíceis. Outros amores terminaram, outros corações foram partidos. E, tirando os casos patológicos, a grande maioria sobreviveu.

Cada membro da família é um participante do divórcio. Todos são importantes e precisam se sentir respeitados tanto em seus direitos quanto em seus sentimentos. Colocar-se no lugar do outro é o pulo do gato: "Poxa, imagina como eu reagiria se ele me dissesse que eu deveria ver meus filhos somente a cada quinze dias?". É um exercício e uma atitude muito auspiciosa. Muda referências, perspectivas e ajuda a entender o que parece incompreensível quando estamos apenas dentro de nós e avaliando nossos próprios interesses. Já pensou o que significa para um filho ficar quinze dias distante do pai ou da mãe quando ambos querem estar com ele (e estão aptos ao exercício do cuidado parental)?

Sair de você e dar um giro por sua família, colocando-se no lugar de cada um e ouvindo suas demandas, é um segredo a ser compartilhado. No documentário *Janela da alma*, José Saramago conta que, sempre que ia a um determinado teatro em sua cidade natal, ficava fascinado com o lustre imponente. Um dia, já famoso, voltou ao teatro, mas dessa vez subiu ao palco por alguma razão. E do palco teve um choque terrível porque o lustre visto de outro ângulo era horroroso. Então ele concluiu, em sua sabedoria infinita, que para conhecer verdadeiramente as coisas é preciso dar a volta nelas.

Por mais difícil que seja desapegar da sua dor e tentar entender ou admitir que o outro também sofre, saia de dentro de si mesmo e se coloque no lugar do outro. Como um exercício. Dez minutos por dia serão suficientes. Tudo bem… só cinco minutos, então!

Vale aprender a cantar esta música:

"SAIBA", ARNALDO ANTUNES

Saiba: todo mundo foi neném
Einstein, Freud e Platão também
Hitler, Bush e Sadam Hussein
Quem tem grana e quem não tem

Saiba: todo mundo teve infância
Maomé já foi criança
Arquimedes, Buda, Galileu
e também você e eu

Saiba: todo mundo teve medo
Mesmo que seja segredo
Nietzsche e Simone de Beauvoir
Fernandinho Beira-Mar

Saiba: todo mundo vai morrer
Presidente, general ou rei

Anglo-saxão ou muçulmano
Todo e qualquer ser humano

Saiba: todo mundo teve pai
Quem já foi e quem ainda vai
Lao Tsé, Moisés, Ramsés, Pelé
Ghandi, Mike Tyson, Salomé

Saiba: todo mundo teve mãe
Índios, africanos e alemães
Nero, Che Guevara, Pinochet
e também eu e você.

PARTE III

TEMPESTADE

DIVÓRCIO:
FUTURO OU PASSADO?

TOMANDO DECISÕES NO MOMENTO MAIS DIFÍCIL

Tento encontrar um sinônimo para a palavra *devastador*, mas nenhum me parece tão conveniente, poderoso e emblemático. Sou então obrigada a me repetir: o divórcio é devastador. Por mais desastrosa que tenha sido a ideia de casar, havia o projeto, a ilusão e, mais que tudo, a vontade de que desse certo e de que fosse para sempre. Ninguém se casa para separar.

A decisão do divórcio implica frustração, medo, perda de referências, projetos, patrimônios, tempo com os filhos, solidão, raiva e muita angústia. Há também os amigos em comum, as famílias que conviviam, as rupturas indiretas e todo um novo cenário, desconhecido e obscuro, onde só se consegue caminhar tateando.

Não é fácil. Nada fácil.

Para tornar a situação ainda pior, nesse momento, as pessoas esperam que você tome decisões importantes com desenvoltura e simplicidade. É quase como, diante da morte de alguém muito querido, ver-se obrigado a cuidar do enterro, escolher o caixão, pagar a notinha no jornal, num momento em que seu coração está em pedaços, e nada disso faz o menor sentido. Nessas circunstâncias você deverá fazer uma escolha: viver do passado ou olhar para o futuro. O litígio, por sua própria natureza, vive do passado. Um bom acordo olha para o futuro.

Quando os envolvidos no divórcio não conseguiram juntos, ou por meio de seus advogados, chegar a um consenso, podem recorrer à justiça em busca do que consideram seus direitos. É o divórcio litigioso. Ele vai olhar para trás. Se uma das partes vai ao juiz demandar pensão, guarda ou patrimônio, todos os argumentos e todas as provas trazidas são da vida em comum que se levava e cujo padrão se pretende, pelo menos, tentar preservar. Essas "provas" de como era a vida são o passado da família.

Assim, o processo judicial em vara de família se alimenta do que "era": onde moravam, o que comiam, onde estudavam, para onde viajaram, quais carros compraram, que imóveis adquiriram. Com base nesse olhar "para trás" e com alguma consideração a fatos relevantes do presente (por exemplo, se houve mudança de emprego que alterou a capacidade econômica de um dos genitores, se um filho entrou numa faculdade pública, se a mulher que nunca trabalhou encontrou um emprego), o juiz faz uma matemática de números e subjetividades para chegar a uma conta difícil que, em teoria, deveria agradar aos dois lados.

Portanto, é o passado que nutre os processos judiciais. Um passado que todos querem — ou ao menos deveriam querer — deixar para trás, sob pena de trazer ainda mais sofrimento ao ex-casal.

O bom acordo planeja o futuro. Não o que vai ser a sua vida, porque isso é impossível de prever, mas o que você vai *levar* para a nova vida. É a oportunidade de refletir sobre o que você quer conservar e aquilo que já não quer mais.

Onde deseja viver, o que vai adquirir com a partilha do bem comum, de quanto precisa para montar seu próprio negócio e se sustentar, quanto custa o curso que fará para levar adiante o projeto que o casamento não permitiu etc. São perspectivas de futuro, de nova vida, novos acontecimentos e como tudo isso pode ser viabilizado.

Normalmente, esse é o primeiro alento do processo, o momento em que começam a acender as primeiras luzes da sala escura. E muitos se surpreendem: "Eu tenho um futuro pela frente!". A surpresa acontece porque é muito normal associar o divórcio ao fim. Mas ele é o fim só daquele casamento, não o fim da vida. E o acordo fala disso: Que vida você quer viver agora? O que deseja para o seu futuro?

As primeiras páginas do livro *Comer, rezar, amar* (na minha opinião todos deveriam ler esse livro, que é muito melhor que o filme) tratam exatamente da tomada de decisão da protagonista de ir atrás de si mesma, se descobrir, se conhecer, sair de uma rotina de relacionamentos sucessivos e se experimentar sozinha na vida e no mundo.

E também não custa nada cantarolar esta canção do mestre Cartola. A inspiração está em todas as partes quando começamos a desatar os nós. Lá vai:

"PRECISO ME ENCONTRAR", CARTOLA

Deixe-me ir
Preciso andar
Vou por aí a procurar
Rir pra não chorar
Deixe-me ir
Preciso andar
Vou por aí a procurar
Rir pra não chorar

Quero assistir ao sol nascer
Ver as águas dos rios correr
Ouvir os pássaros cantar
Eu quero nascer
Quero viver

Deixe-me ir
Preciso andar
Vou por aí a procurar
Rir pra não chorar
Se alguém por mim perguntar
Diga que eu só vou voltar
Depois que me encontrar

Quero assistir ao sol nascer
Ver as águas dos rios correr
Ouvir os pássaros cantar
Eu quero nascer
Quero viver

Deixe-me ir
Preciso andar
Vou por aí a procurar
Sorrir pra não chorar

Flávia e Rodrigo se conheceram e se apaixonaram no trabalho. Eram ambos recém-formados, recém-contratados e estavam cheios de energia e disposição para começar. O casamento aconteceu e foi muito feliz. Foram crescendo juntos afetiva e profissionalmente. Investiram na casa própria que adquiriram e decoraram como num sonho. Vieram dois filhos. Tinham muitos amigos. A casa era um ponto de encontro para muita diversão.

Ele sempre foi gordinho, generoso e de bem com a vida. Ela amava trabalhar, ser independente e curtir a família nos fins de semana. Um dia, Rodrigo decidiu começar a praticar esportes. Mudou radicalmente sua rotina, passava horas nos treinos — horas que Flávia tinha que passar cuidando sozinha dos dois filhos. Ele passou a só comer alimentos saudáveis, nunca mais fizeram churrasco, as festas em casa acabaram. O tempo passou, mas nem foi muito. Os dois estavam distantes, mas Flávia nunca imaginou que ele cogitaria terminar o casamento. Até porque, durante os quinze anos em que ficaram juntos, Rodrigo dizia para quem quisesse ouvir que jamais se divorciaria.

Com o coração destroçado, Flávia me procurou no auge da sua dor. Na nossa primeira conversa, ficou muito claro que ela sempre foi uma mulher independente e cheia de brios. No entanto, me dizia que não abriria mão de ficar com o imóvel comum. Quando perguntei o motivo, percebi quantas memórias afetivas aquele lugar guardava. Era tudo que ela tinha, e se agarrava àquilo como o último suspiro de sua história de amor. Além disso, a briga pelo imóvel seria uma forma de Flávia permanecer ligada a Rodrigo, mas pelos conflitos que aquela decisão traria.

Bastou então que eu fizesse algumas perguntas sobre o futuro. Como ela se via dali a cinco anos? Brigando sentada sozinha na sala daquele apartamento, ou vivendo outros amores, outras vidas, outros sonhos, já que aquela história tinha inevitavelmente acabado? Quando se imaginou em outro futuro, viu que aquilo que me pedia já não fazia o menor sentido. Ficar agarrada a uma história que já tinha terminado deveria ser seu último desejo. Bastou conseguir olhar para a frente, e o para trás conseguiu achar o seu lugar.

A cantora Clarice Falcão comentou em uma entrevista que é mais difícil mudar o futuro que o passado. Para o passado, criamos nossa versão, aumentamos, cortamos, até apagamos memórias que ficam melhores esquecidas. Mas o futuro... este, que nem aconteceu, temos muita dificuldade em apagar. É genial. Temos apego ao futuro e, por conta do apego, não o apagamos.

Reinventar sonhos é uma tarefa árdua, porque caprichamos tanto no roteiro da nossa história de amor que seria uma trabalheira começar tudo de novo, com tantos beijos, com outras músicas, danças e tempestades. O Bom Divórcio ajuda a fechar a porta sem batê-la. Ele é a possibilidade de uma nova vida. Como disse Rodrigo da Cunha Pereira, advogado, escritor, fundador e presidente do Instituto Brasileiro de Direito de Família (IBDFAM): "As pessoas se casam para ser felizes e se divorciam para ser felizes também". O divórcio nada mais é do que a materialização do direito fundamental à busca da felicidade.

ATITUDES SAUDÁVEIS DURANTE O PROCESSO DE DIVÓRCIO

- **Afaste-se! A distância nos ajuda a tomar decisões melhores.**

Se longe um do outro tudo já é difícil, juntos, na mesma residência e na presença de filhos, fica praticamente impossível manter a sanidade.

Uma das perguntas mais frequentes que me fazem é: "Se eu sair de casa, isso é considerado abandono de lar?". O "abandono de lar" é um conceito da época do "adultério", do "desquite" e da "desonra". Não soam antigas essas expressões? Parecem do século passado — e são.

Essas expressões atingiram a terceira idade recentemente, mas ainda cruzamos com elas vez ou outra, principalmente quando falamos com pessoas de gerações passadas sobre nossa intenção de sair de casa: "Olha, cuidado com o abandono de lar!". Faz lembrar muito a minha avó quando dizia: "Não tome gelado!".

Explicar juridicamente o que significa sair de casa hoje em dia, em razão do fim de um casamento é: alívio, fôlego, sanidade mental.

Antes, o abandono fazia perder direitos aos filhos, aos bens, aos alimentos. De fato era um perigo, e isso teve sua origem na intenção do Estado e da Igreja de punir mulheres adúlteras que "largavam a família para se entregar aos amantes". Elas perdiam seus direitos como punição por essas atitudes. O machismo sempre andou abraçado com o medo. Na teoria, os homens também perdiam direitos, mas na prática a vida sempre foi mais difícil para as mulheres, mesmo depois da Constituição de 1988, que igualou homens e mulheres diante da Lei. A luta contra o machismo segue firme ainda em nossos dias.

Hoje, a principal consequência de sair de casa é que você dificilmente voltará, porque ela ficou na posse da outra pessoa. A propriedade, porém, é mantida quando o bem é comum, ainda que seja preciso brigar por ela judicialmente. Vamos usar como exemplo um casal que tenha vivido em união estável por quinze anos e, durante esse período, adquiriu um apartamento onde a família vivia. Ainda que o imóvel tenha sido registrado apenas no nome de um dos companheiros, legalmente ele pertence aos dois, porque diz a lei que todos os bens adquiridos no curso da união estável são bens comuns ao casal, independentemente de só um ter trabalhado, ou de o registro do patrimônio estar em nome de um só. No entanto, se não houver consenso entre o ex--casal, o registro dessa propriedade terá que ser pleiteado perante a justiça e é causa ganha nesse cenário relatado.

Portanto, para acalmar aqueles que temem o abandono de lar: se a união ficou insuportável e você deseja sair daquele "lar", isso não lhe tira nenhum direito a pleitear sua propriedade perante a justiça. Porém, provavelmente você vai lutar por ela já residindo em outro local. Em resumo, sair de casa não retira nenhum direito. Mas, se a sua intenção for ficar na casa e pedir ao outro para sair, é mais fácil fazer isso estando lá dentro do que sair e depois voltar, porque, quando não se chega a um consenso, tudo terá que ser pleiteado diante de um juiz, e no curso de um processo judicial tudo você pode acontecer.

Quem sai de casa tem mais dificuldade para voltar depois por conta do exercício da posse de quem fica (é muito comum, por exemplo, a troca de fechaduras nesses casos). Ou seja, sair não tira o direito de voltar, mas torna tudo muito mais trabalhoso se a intenção é permanecer no imóvel. Assim, se não há interesse em ficar no imóvel comum, você pode sair tranquilo.

Podendo um dos dois evitar essa "marcação de território" nesse momento, em que tudo já está suficientemente difícil, poupa-se sofrimento. E nunca é demais repetir: é muito mais fácil enfrentar o divórcio estando afastados do que vivendo sob o mesmo teto.

- **Cuide do outro (mesmo que seja difícil)**

Esse é o momento em que você vai querer me xingar e atirar o livro contra a parede, pensando que sou louca. "Cuidar do outro? Aquele cafajeste? Aquela mercenária?" Eu sei, é difícil. Mas resista ao impulso de interromper a leitura aqui e me acompanhe mais um pouco.

Porque a verdade, difícil de enxergar no calor da mágoa da separação, é que as duas partes são responsáveis pelos erros e acertos de uma história comum. **O casal caminhou junto até o fim da linha.** Atribuir papéis de vítima e algoz não é a melhor estratégia.

Quando dou alguma sugestão nesse sentido para um cliente, a resposta quase automática é: "Mas aí ela vai achar que fiz isso porque concordei" ou "Se eu abrir mão disso, ele vai achar que estava certo". E eu fico esperando uma oportunidade para dizer: "Você não deveria perder nem um minuto se preocupando com o que ela, ou ele, vai achar ou pensar dessa atitude ou proposta. Quero saber o que **você** acha e pensa dessa solução para a sua vida. Se formos parar esse trabalho para conjecturar sobre entendimentos do outro acerca de decisões suas, você nunca sairá dessa roda-viva".

É uma armadilha muito comum, na qual caímos e ficamos nos debatendo. E o que é pior: essa arapuca é armada por nós mesmos. E aqui voltamos ao autoconhecimento. Nesse momento, quero saber de você, da sua vida, do seu futuro. O outro que faça o mesmo caminho para dentro de si.

Já que o momento é difícil, e é complicado estar na sua melhor versão nessa hora, aja de forma calculada: preocupe-se em ser elegante, gentil, delicado e cuidadoso com o outro, **mesmo que ele não tenha a mesma atitude.** Essa é a chave para um futuro melhor do que o passado. Não banalize sua história, não manche a imagem do outro, não se valorize em detrimento do outro.

Agora você deve estar pensando em desistir de mim... eu sei. Mas em um ano vai me agradecer.

- **Escolha os profissionais adequados**

Fale com os outros o mínimo possível. Em vez disso, converse consigo mesmo o máximo que puder. Para desabafar, chorar e se desesperar, busque um bom terapeuta em quem confie ou com quem crie empatia. Entre os amigos e parentes, procure o ombro mais sábio e imparcial que tiver encontrado na vida.

Sábia, nesse momento, é aquela pessoa capaz de entender sua dor sem julgamento e de oferecer o que você precisa. Se olhar à sua volta e não encontrar essa pessoa, não porque não esteja rodeado de amor, mas porque o sofrimento é coletivo, e é difícil ter a integridade imparcial de que se precisa, busque um bom terapeuta.

Afaste-se de quem começar a lhe dar muita razão ou a encorajar atitudes que pareçam vingança, ou uma compensação por todo o seu sofrimento. É o pior caminho a seguir.

O sofrimento não pode ser evitado — nem compensado. Ele faz parte da vida. O sofrimento ajuda, faz crescer, pensar, faz mudar. Sofra. Mas sofra só o necessário. E não se engane: fugir da dor, culpar os outros, buscar revanches e vingança, tudo isso também trará sofrimento, mas muito além do necessário. As origens dessas atitudes estão naquele passado que deve ficar para trás.

A função social do profissional de família é de *agente de pacificação social* — e não mais de *agente instaurador dos conflitos em âmbito familiar*, como explico nos anexos deste manual. Portanto, encontrar um profissional que atenda às suas expectativas de futuro é uma atitude auspiciosa, e fique de olhos bem abertos para perceber se tudo está caminhando para onde você deseja.

ALGUMAS PALAVRAS SOBRE O NOSSO JUDICIÁRIO

Hoje em dia, existem até mesmo programas na televisão que simulam casos do Direito de Família tratados nos tribunais. Tais programas tentam provocar a ideia de uma justiça mais humanizada, uma ideia fundamental e necessária. Porém, não podemos nos iludir. A prática dos tribunais é muito diferente do que se produz na TV. Com exceção de certos entusiastas que sabem dar real valor à importância e à responsabilidade que é cuidar, opinar e decidir sobre um caso de família, alguns profissionais que encontramos estão muito irritados por se verem obrigados a estar ali resolvendo um problema que na cabeça deles é seu e que você deveria ter resolvido.

Deveríamos encontrar profissionais com empatia, interesse, que escutam e têm vontade de entender toda a subjetividade que envolve um processo dentro da vara de família. Porém, já que não há um direcionamento baseado em vocação e há um entendimento comum equivocado de que as varas de família são "mais fáceis", alguns concursados não entendem, ou não conhecem, a dimensão e a responsabilidade que é conduzir suas emendas. Querem terminar logo a audiência, voltar para casa e cuidar da própria vida. E acreditam, de fato, que você deveria estar fazendo o mesmo.

Portanto, tende a se frustrar profundamente quem espera resolver a vida "na justiça". A "justiça", com raras exceções, não vai fazer seu dever de casa. Ela não vai dar razão, não vai perdoar, não vai trazer a paz e a confiança de que você precisa para seguir adiante. Só você, consigo mesmo, poderá se dar esse presente.

Há juízes e promotores, claro, que fazem muito bem o seu trabalho, mas nem sempre são eles que atenderão o seu caso. Além disso, por melhores e mais bem-intencionados que sejam, os bons profissionais estão inseridos em um sistema arcaico, opressor e disfuncional. Com o tempo, é mais fácil sucumbirem do que seguir seus propósitos iniciais.

Os dois livros da juíza Andréa Pachá, *A vida não é justa* e *Segredo de justiça*, são exemplos de um trabalho muito verdadeiro e cuidadoso realizado por uma representante do Estado. Vale ler, mas sem se iludir. A conduta profissional da juíza Pachá é uma exceção à regra.

No filme *Relatos selvagens*, protagonizado pelo argentino Ricardo Darín, há uma cena de mediação entre o ex-casal. O estrago ali causado pela advogada da ex-mulher — que nem sequer representa os verdadeiros interesses de sua cliente — é a regra. A escalada desnecessária do conflito tal como retratada na cena é o que em geral se vê no Judiciário.

FILHOS

Com o nascimento do primeiro filho, o casal passa a formar, além da parceria marital, a parceria parental. Que pais serão, independentemente de estarem juntos ou não? Algumas escolhas e medidas do exercício desse papel de mãe e pai são muito individuais e têm relação com as famílias de origem, com as próprias memórias e lembranças e com o pai ou a mãe que sonharam ser.

A parceria parental é quando o casal precisa agir em *conjunto*, e, para que ela seja bem-sucedida, é preciso, por exemplo, que uma parte nunca desautorize a outra diante do filho — nem que depois tenham que rever o comando em conjunto. Isso é fundamental para o bom desenvolvimento dos filhos. Para que eles cresçam com limites e sabendo respeitar os pais e os outros.

E esse par parental precisa ser inabalável diante de um divórcio. Como já foi dito aqui, ninguém deixa de ser pai ou mãe. É a única condição que não muda. Portanto, essa precisa ser a regra, por mais difícil que seja. Principalmente após o divórcio. Se um pai desautoriza o outro, todos perdem. Mas quem perde mais é a criança.

A dor dos pais nunca pode ser maior do que o amor que sentem pelos filhos. Porque, se isso acontecer, está apresentada à criança a primeira lição de desamor de sua vida. E, de todos os desamores que ela experimentará ao longo da existência, esse é o que deixa sequelas mais profundas na alma.

Vamos examinar a seguir os instrumentos previstos pela legislação para abordar o relacionamento entre pais e filhos depois de um divórcio.

GUARDA E CONVIVÊNCIA DOS PAIS COM OS FILHOS COMUNS

O termo *guarda* já deveria ter sido abolido há muito tempo do nosso ordenamento jurídico. A permanência dessa simples palavra seguirá abrindo precedentes para deturpações desnecessárias. *Guarda* ainda significa *poder*, em razão dos resquícios da nossa história. E não há, ou não deveria haver, disputa de poder na criação de um filho.

Feita essa ressalva, vamos conhecer os tipos de guarda que nossa legislação oferece.

GUARDA COMPARTILHADA

É a regra hoje em dia. Significa que os pais deverão decidir *juntos* as questões relevantes à existência do filho menor.

Onde vai estudar? Que cursos fará? Vai a pé para a escola? Qual esporte vai praticar? Será iniciado em alguma religião?

É muito comum que as pessoas confundam *guarda compartilhada* e *convivência*. São coisas distintas. Enquanto a guarda compartilhada diz respeito às decisões sobre a vida dos filhos, a convivência é simplesmente a forma como, dentro da dinâmica de cada família, é dividido o tempo dos filhos entre os dois pais que já não moram na mesma casa.

Esses dois conceitos devem estar especificados no acordo de divórcio. Por exemplo: "Os genitores acordam que a guarda do filho será compartilhada e a convivência do menor com ambos os pais se dará da forma a seguir...", e a convivência fica estabelecida de acordo com cada dinâmica familiar, sempre privilegiando as crianças e seus melhores interesses. Assim, você pode ter a guarda compartilhada do seu filho, mas vê-lo apenas a cada quinze dias porque trabalha em uma plataforma de petróleo, por exemplo.

GUARDA UNILATERAL

Num passado não muito distante, a guarda unilateral era corriqueira e até natural para os arranjos sociais estruturados. Durante o casamento, até pouco tempo atrás, os papéis de maternidade e paternidade eram fixos e assimétricos: os pais proviam e disciplinavam, enquanto as mães cuidavam da criação.

Após a ruptura, na grande maioria das situações, o pai trabalhava e continuava na função de provedor, enquanto a mãe permanecia a figura primária de referência e cuidadora dos filhos. Nessa lógica, a mulher era a guardiã, enquanto o pai os "visitava", era uma simples presença — quando muito — na vida dos filhos.

Hoje em dia, a guarda unilateral é indicada apenas em casos realmente graves, quando um dos genitores não tem capacidade para tratar da vida do filho. Mas são hipóteses que demandam prova substancial dessa incapacidade, de que ela possa vir a prejudicar a criança. O simples "malquerer" de um genitor ao outro foi ultrapassado pela lei em vigor.

O mundo mudou, os papéis do homem e da mulher na criação dos filhos foram tomando novas formas, e a divisão das responsabilidades ganhou força. Mas a compreensão do que significa *guarda* sempre foi confusa, passível de muitas interpretações. De modo equivocado, muita gente pensa que guarda compartilhada significa os pais conviverem com os filhos a mesma quantidade de tempo e, com isso, naturalmente, as despesas seriam divididas por igual entre os genitores. Não é bem assim. Como já explicado, a guarda compartilhada significa, basicamente, que pai e mãe decidirão juntos sobre as questões relativas à vida dos filhos — onde vão estudar, morar, passar as férias.

Antes chamada de *visita*, a convivência (e o cuidado pessoal ou físico) não se confunde com guarda e diz respeito à rotina dos filhos comuns com ambos os genitores. Ela dependerá da dinâmica de cada família e terá sempre o melhor interesse da criança como fiel da balança, devendo-se ter em mente a possibilidade de proporcionar o máximo de convívio do menor com ambos os genitores, que deverão se empenhar em participar ativamente das atividades e da rotina dos filhos.

* * *

Apenas a título de informação, e até me dando o direito de fazer uma crítica, esclareço em poucas palavras o que aconteceu recentemente nos tribunais para que a guarda compartilhada se tornasse regra em nosso ordenamento jurídico.

A guarda compartilhada era frequentemente questionada por ex-casais e advogados que alegavam a impossibilidade prática de um casal em franco desentendimento aplicá-la. Sustentava-se que os pais não seriam capazes de chegar a um consenso no momento de decidir o melhor para a vida dos filhos, e isso colocou em xeque a guarda compartilhada. Como poderiam decidir juntos qual seria a escola do filho se não se falavam? Nesses casos, os dois pediam que a guarda fosse unilateral e brigavam por ela em ações judiciais.

Ou seja, quem a detivesse poderia decidir sozinho toda a vida do filho, sem precisar dar ouvidos à opinião do outro. Nesse contexto, alguns juízes acatavam esse tipo de alegação e decidiam pela guarda unilateral, enquanto outros obrigavam os pais a dar um jeito de se entender. Era jurisprudência para todos os lados.

Em 2015, o Senado aprovou o Projeto de Lei 117/2013 (PLC 117/2013) determinando o estabelecimento da guarda compartilhada dos filhos mesmo em desacordo dos pais. Esse foi o xeque-mate. Venceu a guarda compartilhada. Portanto, hoje em dia, a regra a ser aplicada aos casais em relação à guarda dos filhos é que ela será compartilhada, ainda que não o queiram. Os dois terão que, em algum momento, cumprir seus deveres de pais independentemente de ressentimentos, desconfianças mútuas e desrespeitos.

A vida e as escolhas que concernem aos filhos comuns precisam ser tomadas em conjunto.

PODER FAMILIAR

Na vida dos casais, inclusive na dos casados, existem divergências naturais. Seja a escolha do time de futebol ou da proposta pedagógica das instituições de ensino, são questões que surgirão sempre e deverão ser debatidas entre os pais, mas sem perder de vista o melhor interesse do filho, nunca como disputa de quem manda mais. Os dois mandam igualmente, seja no contexto de um divórcio ou não.

A isso chamamos de poder familiar, que nasce nos pais junto com os filhos, e não há divórcio nem guarda que acabe com ele, a não ser em hipóteses graves, previstas em lei e passíveis de proteção, principalmente na esfera criminal. O Poder Familiar — dos quais os pais são titulares — só se extingue em casos de destituição ou de maioridade dos filhos.

O atual poder familiar já se chamou pátrio poder e não é difícil deduzir que esse nome vinha de uma época em que o homem era o chefe indiscutível da casa. O pátrio poder veio expresso no Código Civil de 1916 e fazia sentido na sociedade essencialmente machista da época. Esse código trazia expressões como "filho bastardo", "honra", "culpa" e "mulher desonesta". Ainda bem que vivemos em outros tempos!

O pátrio poder era aquele em que o pai, chefe da família, mandava, e todos os filhos e a esposa obedeciam.

Só a título de curiosidade, transcrevo aqui o artigo 380 e parágrafo único do Código Civil de 1916:

> **Art. 380.** Durante o casamento compete o pátrio poder aos pais, exercendo-o o marido com a colaboração da mulher. Na falta ou impedimento de um dos progenitores, passará o outro a exercê-lo com exclusividade.
>
> **Parágrafo único.** Divergindo os progenitores quanto ao exercício do pátrio poder, prevalecerá a decisão do pai, ressalvado à mãe o direito de recorrer ao juiz para solução da divergência.

Os tempos mudaram. Em 2002, o Novo Código Civil, Lei nº 10.406, substituiu a expressão *pátrio poder* por *poder familiar* e atribuiu a ambos os genitores igualdade de direitos e deveres sobre todas as questões que digam respeito à saúde, educação e sobrevivência de seus filhos. Viva!

O poder familiar (que melhor seria se fosse chamado de responsabilidades parentais ou cuidado parental, para afastar a ideia de hierarquia e dominação que o termo *poder* ainda carrega) é suficiente. Por exemplo: a mãe pode ter a guarda unilateral do filho, mas, se o pai considerar que ela está sendo negligente em determinado dever de cuidado, ele tem, *mesmo sem ser o guardião legal*, o direito de questionar a atuação materna perante a justiça em razão do poder familiar que lhe compete.

Assim, pai e mãe nos dias de hoje já se equipararam *naturalmente* na divisão de responsabilidades, cuidados e direitos em relação aos filhos. Então por que manter a atribuição de guarda, ainda que compartilhada? Se deixasse de existir o termo *guarda*, restaria aos pais divorciados estabelecer, apenas, como será a convivência de ambos com os filhos comuns. Afinal, o dever de decidir sobre as questões relativas à vida dos filhos e ao exercício da parentalidade de cada um não desaparece com o divórcio, nem com uma guarda unilateral. É um dever que nasce junto com o filho e do qual nem pai nem mãe podem se eximir.

ALIENAÇÃO PARENTAL

A Lei nº 12.318, de 2010, que regula a caracterização da alienação parental, impõe medidas para proteger e preservar a criança desse abuso e, ainda, as consequências a serem suportadas pelos agentes da alienação.

Vale transcrever seu artigo 2º, que é bem didático:

> **Art. 2º** Considera-se ato de alienação parental a interferência na formação psicológica da criança ou do adolescente promovida ou induzida por um dos genitores, pelos avós ou pelos que tenham a criança ou adolescente sob a sua autoridade, guarda ou vigilância para que repudie genitor ou que cause prejuízo ao estabelecimento ou à manutenção de vínculos com esse.
>
> **Parágrafo único.** São formas exemplificativas de alienação parental, além dos atos assim declarados pelo juiz ou constatados por perícia, praticados diretamente ou com auxílio de terceiros:

I — realizar campanha de desqualificação da conduta do genitor no exercício da paternidade ou maternidade;

II — dificultar o exercício da autoridade parental;

III — dificultar contato de criança ou adolescente com genitor;

IV — dificultar o exercício do direito regulamentado de convivência familiar;

V — omitir deliberadamente ao genitor informações pessoais relevantes sobre a criança ou adolescente, inclusive escolares, médicas e alterações de endereço;

VI — apresentar falsa denúncia contra genitor, contra familiares deste ou contra avós, para obstar ou dificultar a convivência deles com a criança ou adolescente;

VII — mudar o domicílio para local distante, sem justificativa, visando dificultar a convivência da criança ou adolescente com o outro genitor, com familiares deste ou com avós.

Jamais devemos esquecer o óbvio: a criança é apenas uma criança. Pode parecer esperta, inteligente, sensível e consciente de tudo, mas nada disso faz com que deixe de ser uma criança. E, para a criança, pai e mãe são dois seres humanos lindos, fortes, poderosos, perfeitos. Os melhores do mundo e melhores que os pais de qualquer amiguinho desavisado.

O mais importante para um filho pequeno é que, independentemente de qualquer coisa que lhe aconteça, ou aos pais, aquelas duas perfeições da natureza estejam ali, firmes, olhando para ele, juntas, como guardiões, e cuidando dele para que cresça feliz e saudável, mas, principalmente, cresça protegido e exercendo o seu direito de ser criança. A isso chamamos de segurança, fundamental para que a criança se desenvolva de forma saudável. Sabem aquelas hastes que os destaques de escola de samba seguram para não caírem do carro alegórico? Essas hastes são os pais, embora os filhos as enxerguem como duas torres magnânimas e imponentes, das quais se enchem de orgulho. Só na adolescência é que o filho descobre que o pai e a mãe são dois toquinhos de amarrar jegue perdidos no mundo. Até lá, os pais são tudo — muito mais do que merecem.

Se essas torres lindas e magnânimas começam a se atacar, tentando se derrubar, o mundinho seguro da criança se desconstrói temerariamente. E pior: se uma das torres dá ao filho bombas para ajudar a destruir a outra, temos um filme de horror acontecendo na vida real. É a alienação parental. Caso isso seja levado a cabo, sobra apenas uma torre, com quem a criança cria uma dependência afetiva perigosa e preocupante.

A DISPUTA POR UM FILHO

De todos os dramas emocionais vividos em um divórcio, sem sombra de dúvida o mais triste e traumático é a disputa por um filho. Porque essa disputa tem o *eu* em primeiro plano e o filho... em algum plano (talvez nem no segundo). Eu tenho mais tempo, eu dou mais atenção, eu sou melhor para meu filho. Todos esses pensamentos são, à primeira vista, altruístas, porque parece que o pai ou a mãe está pensando realmente no melhor para seu filho, quando, na verdade, trata-se apenas de sua percepção sobre si mesmo.

Enquanto cometemos erros na nossa vida pelos quais só nós mesmos "pagamos", está tudo bem dentro da rotina normal. Quando, porém, colocamos um filho neste mundo, devemos ficar atentos à nossa predisposição para errar e acertar porque já não pagaremos sozinhos essa conta. Muitas vezes erramos querendo genuinamente acertar. Ou o contrário. Isso não importa, até porque cada filho sentirá e reagirá às situações de acordo com sua personalidade e suas capacidades. O que vale é o cuidado de cada genitor de querer de fato fazer e oferecer seu melhor, preocupar-se com os riscos de cada atitude, parar para pensar antes de agir por impulso e superar-se na capacidade de "segurar a onda" quando uma atitude sua puder fazer seu filho levar um enorme caldo. Isso se chama responsabilidade. Até o filho se tornar adulto, os pais são os responsáveis por ele.

Para um filho, não há dúvidas: o pai e a mãe são os melhores, são fundamentais, são complementares, são as duas torres. A não ser, claro, que um dos dois seja agressivo, violento ou apresente sérios comprometimentos mentais que coloquem em risco a vida ou o bem-estar mental da criança.

Pais responsáveis devem ter como missão fazer com que os filhos percebam o quanto ambos são importantes. Em outras palavras, o oposto da alienação parental. Em vez de dar uma bomba para o filho derrubar a torre, dê a ele luzes para iluminá-la. Já viu alguma imagem da torre Eiffel iluminada? É um show! Imagine duas!

Quando digo isso aos meus clientes, geralmente escuto alguma variação da seguinte frase: "Ah, isso é impossível! Como poderei falar bem daquele canalha para meu filho? Estarei sendo falsa!". Mas atenção para a diferença: estaria sendo falsa se falasse bem dele na *sua* perspectiva, mas você deve falar e atuar da perspectiva do seu *filho*. Coloque-se no lugar do seu filho e analise se, do ponto de vista dele, seu ex-marido é uma má pessoa ou um mau pai. Essa é a visão que importa. Sua visão ruim sobre o "canalha" deve ser explorada na terapia ou numa mesa de bar.

Muitas mães se dizem "leoas", muitos pais se dizem "heróis". Pois sejam leoas e heróis contra si mesmos, porque, mesmo amando o filho, somos capazes de maltratá-lo, sem querer ou sem perceber. O amor é, também, capaz de tudo. E, por um filho, precisamos nos superar.

Vale aqui transcrever um trecho do livro *Pelos olhos de Maisie*, de Henry James:

"Pobre criatura!", exclamou por fim; e essas palavras foram um epitáfio para o túmulo da infância de Maisie. Ela foi abandonada a seu destino. Estava claro para qualquer observador que o único vínculo que a unia a cada um de seus pais era o fato lamentável de ser ela um veículo fácil para o rancor deles, uma caixa de porcelana pequena mas funda, boa para misturar ácidos cortantes. Queriam-na não pelo bem que pudessem fazer a ela, mas pelo mal que, com a ajuda inconsciente dela, cada um poderia fazer ao outro.

Paulo e Marcela tinham um casamento feliz. Ambos viviam de forma confortável, trabalhavam e cresciam profissionalmente, e a primeira filha do casal só veio aumentar a felicidade dos dois. No entanto, a gravidez do segundo filho, cinco anos depois, foi um susto e implicou na renúncia de Marcela ao trabalho, o que causou grande sofrimento, uma vez que ela amava a profissão.

Mas susto maior foi a terceira gravidez, que aconteceu dois meses depois do nascimento do segundo filho, fruto de uma única relação sexual depois do parto. Inacreditável. Quando ela descobriu, já estava no quarto mês de gestação. Susto ainda maior foi a demissão de Paulo, sete meses após o nascimento do terceiro filho. Perderam plano de saúde, tiveram de recorrer a toda a família, e a vida seguiu aos trancos e barrancos.

Nesse novo cenário, o casamento não sobreviveu. Paulo foi embora e deixou os filhos para Marcela cuidar. Desempregado, ele resolveu gastar as verbas rescisórias, as multas e o FGTS com vários negócios, novas namoradas, carro novo. Em suma, foi curtir a vida. De vez em quando, ligava para ela perguntando se podia passar algum tempo com os filhos, o que ela sempre consentia.

Conforme as crianças cresciam, começaram as perguntas: "Mamãe, por que o papai nunca vem pegar a gente?", "Mamãe, o papai tinha prometido me levar a tal lugar no meu aniversário e nem me ligou...", "Mamãe, por que tenho que ir pra casa dele nesse fim de semana?", "Mamãe, a moça da escola disse que minha matrícula não foi feita". A mãe respondia, no melhor estilo para-raios: "Ah, se o papai não veio, deve estar muito ocupado, logo que puder ele vem correndo!", "Deve ter havido algum problema na escola, filha, seu pai não deixaria de pagar pelo seu estudo". Mas, no fundo, Marcela sabia que Paulo não estava nem aí.

É muito difícil ser essa mãe. O coração dela chora de pena dos filhos abandonados e carentes daquele amor, e ainda assim precisa aliviar a dor deles tentando buscar respostas afetuosas para o descaso paterno. Não ignoro a revolta que ela sente, mas isso é o melhor que ela pode fazer pelos filhos. A alternativa seria ela confirmar as suspeitas de acordo com sua visão das coisas: "Seu pai é um safado! Não está nem aí!", "Deixou vocês sem escola e foi para a Europa com a namorada nova". Essa verdade é ruim para a alma dos filhos. E, mal ou bem, quando o "safado" aparece, as crianças ficam felizes com a presença dele.

A "verdade" vai chegar um dia, quando cada filho começar a entender melhor a realidade à sua volta. E cada um, a seu modo, saberá fazer as contas do desamor vivenciado e do amor recebido. É possível que algumas dessas crianças cresçam e repitam esse comportamento com seus próprios filhos. Mas à mãe só cabe ser mãe: dar colo, conforto, alento, abraço apertado enquanto a vida ainda é só sonho para seus meninos.

Para quem ainda não viu *Kramer vs. Kramer*, com Dustin Hoffman e Meryl Streep, vale assistir. É um clássico vencedor de vários Oscars que trata com coragem e beleza do sofrimento de se ter um filho envolvido em uma demanda judicial.

DECISÕES TOMADAS NUM ACORDO DE DIVÓRCIO

Um acordo de divórcio prevê:

- guarda e convivência dos pais com os filhos comuns;
- pensão alimentícia;
- partilha dos bens comuns;
- mudança ou não do sobrenome, caso tenha havido mudança quando do casamento;
- mudança de estado civil.

Todas essas questões valem tanto para casamento quanto para união estável (com exceção do estado civil, que não muda na união estável, mas nesse caso não chamamos de divórcio e, sim, de Dissolução de União Estável). Elas serão discutidas em tratativas de acordo que podem se dar entre advogados constituídos por cada um dos requerentes, ou por um único advogado se os acertos já não demandarem negociações.

Uma vez acertadas as questões, prepara-se a minuta que será apresentada ao juiz para homologação. O trâmite processual para homologação de acordo de divórcio hoje em dia costuma ser bem rápido, cerca de três meses, e já não exige a presença das partes para confirmar suas vontades diante do juiz. Esse constrangimento foi, felizmente, superado. Ao final do livro, explico a história dessa grande evolução.

Quando não se chega a consenso, cada uma dessas questões exige a propositura de uma ação judicial específica, e cada uma dessas ações terá audiências, algumas até perícias, e duram em média três anos até a sentença, que ainda é passível de recurso. No final, há muitos que nem sabem mais pelo que estão brigando.

PENSÃO ALIMENTÍCIA

Toda família tem gastos mensais: moradia, alimentação, contas de luz, gás, telefone etc. Quando a família tem filhos há ainda os gastos de educação, cursos de idiomas, atividades esportivas. Todas essas despesas são chamadas de *alimentos*, ou *pensão alimentícia*.

Pai e mãe são igualmente obrigados a sustentar, cuidar e promover a educação dos filhos, na proporção de seus recursos. Assim, quando há o divórcio, se ambos os pais trabalham, eles dividirão os gastos dos filhos na proporção de suas rendas, tentando manter o padrão de vida mais próximo possível da época do casamento.

O cenário mais fácil e ideal é aquele em que o tempo de convívio dos filhos com ambos os pais é quase igual, e cada um assume os gastos dos filhos em sua própria casa, dividindo proporcionalmente apenas as despesas das crianças.

Mas cada família tem uma dinâmica, e muitas vezes, dependendo da idade das crianças, não é possível a divisão do tempo dos filhos por igual. Nesses casos, é preciso calcular na pensão alimentícia também a despesa dos filhos na casa onde moram, a fim de evitar que o guardião físico dos menores, ainda que a guarda seja compartilhada, fique sobrecarregado em suas despesas mensais.

A pensão alimentícia pode ser devida também ao ex-marido ou à ex-mulher. Essa hipótese é prevista quando um deles não praticava atividade remunerada durante o casamento ou está desempregado. Nesse caso, não se pode imaginar que de um dia para o outro ele ou ela ingressará no mercado de trabalho e será capaz de prover seu sustento e o dos filhos. É necessário prever um tempo para que essa autonomia seja conquistada, inclusive para que possa ajudar na criação dos filhos. Esse tempo deve ser calculado em função da idade de quem precisa se recolocar e de sua capacidade e qualificação profissional. Quanto mais habilitado, menor o tempo. Quanto mais novo, menor o tempo. A decisão cabe ao juiz da ação.

Por fim, há que se avaliar também as possibilidades financeiras dos pais, para avaliar o que é básico e o que é supérfluo. Vamos imaginar um casal de origem humilde com um filho. O marido, que não praticava nenhuma atividade remunerada, vira jogador de futebol e passa a receber 300 mil reais por mês.

Trinta por cento desse valor — um percentual muito utilizado pela justiça como parâmetro — significaria 90 mil reais, o que é excessivo para um menor de idade, ainda mais dentro da realidade a que sempre esteve acostumado. Nesse caso, o casal deve buscar um consenso que preveja as necessidades da criança, as possibilidades do pai e a razoabilidade desses dois parâmetros. Se o pai ficou rico, não é razoável que a criança viva humildemente. Por outro lado, ela não precisa de 90 mil reais para viver. Há que se encontrar um ponto de equilíbrio. Ex-marido ou ex-mulher não devem ser equiparados a um bilhete premiado de loteria, nem a uma aposentadoria vitalícia.

Também aqui vale a regra de ouro: não faça com os outros aquilo que não gostaria que fizessem com você. Pode parecer ridículo, mas é simples assim.

PARTILHA DE BENS COMUNS

Quase todos os advogados de família são casados com separação total de bens. Quer saber por quê?

Nunca sabemos do que somos capazes, a não ser quando a situação se apresenta. Hoje amo meu marido e tenho uma história muito bonita com ele. Mas, se eu chegar em casa amanhã e encontrá-lo na nossa cama com outra mulher, sinceramente não sei do que sou capaz. Talvez eu não faça nada, entenda a situação e continue casada, talvez eu me divorcie. Mas não tenho ideia de que sentimentos aflorarão em mim diante de uma cena como essa.

Uma vez que nos percebemos capazes e incapazes de tudo, a separação de bens é um regime preventivo muito civilizado, porque nesse sistema o casal vai planejando a partilha nos momentos bons do casamento. Na hora do divórcio, tudo pode se misturar. É muito comum que uma dor muito profunda tente ser compensada com uma agressão ao patrimônio. É o que chamamos de *violência patrimonial*. Apesar de ser a "arma" mais acessada, ela não cura a dor.

Quando o casal começa a adquirir patrimônio, é muito saudável que conversem sobre como veem justa a participação de cada um naquela conquista comum. E isso pode ser registrado: "Neste apartamento decidimos que 30% são meus, e 70% dela", "o carro já está em nome de quem comprou". Nesse caso, se houver divórcio, não há que se falar em partilha: ela já está feita. O que é de cada um está em seu nome, e vida que segue.

Entretanto, o regime de comunhão de bens ainda é o mais comum, e ele não é injusto, pois parte do princípio de que tudo que se constrói no casamento é fruto da participação comum, independentemente do aporte financeiro individual. Acontece que, nesse regime, a partilha dos bens acaba entrando no acordo de divórcio e vira mais um tema a ser discutido e tratado em um momento delicadíssimo. Podendo evitar mais uma questão, a separação de bens é o mais recomendável. (Fica a dica para o próximo casamento!)

Se nesse casamento seu regime é o da comunhão parcial, não tem problema. Ele é o regime comum e bem justo que define que todos os bens adquiridos *no curso da união* pertencem aos dois, ainda que estejam em nome só de um. Basta a prova da data de início e fim, em caso de união estável, ou a data do casamento e separação de fato, quando um dos dois comunica que acabou. Tudo que tiver sido adquirido nesse período é dos dois, sem discussão.

Só não entra nessa partilha o que tiver sido adquirido por meio de doação e herança recebida por um dos dois, ou com recursos anteriores ao casamento. Por exemplo: quando casou, a mulher já tinha comprado um imóvel antes de conhecer o marido. Casados, decidem vender esse imóvel dela e comprar outro maior. Esse maior, apesar de ter sido comprado pelos dois durante o casamento, não deve ser partilhado ao meio. A metade comum incide somente sobre o que foi *acrescido* para a compra do maior. O que foi fruto da venda do primeiro imóvel é só dela.

Tirando essas exceções, o resto é comum — inclusive poupanças. O procedimento é simples: calcular a metade de cada um e separar. O problema surge quando o clima está ruim entre os dois, e essa discussão patrimonial pode trazer alegações do tipo: "Compramos esse imóvel juntos, mas fui eu que trabalhei para pagar!". São argumentos que não tiram o direito do outro a metade do bem, mas que podem ser arguidos em juízo e causar muitos gastos e dores de cabeça desnecessários. Quando um não quer, dois não brigam. Mas, quando os dois querem, tudo é motivo, e o regime de bens pode ser um prato cheio para quem quer viver do passado.

Diante de algum impasse, pare e pense no que é justo para você, do que se sente credor e do que se sente devedor. Sempre ajuda na hora da partilha. E não se esqueça: saber diferenciar aquilo que você quer conservar do que quer deixar para trás quando começar a sonhar com seu novo futuro ajuda demais.

Há outros tipos de regime de bens, mas não são usuais, e não vale a pena falarmos deles sob pena de isto virar um manual para concurso e vocês caírem em sono profundo.

SOBRENOME

Hoje em dia, a mulher adotar o sobrenome do marido depois do casamento, ou vice-versa, não faz muito sentido, já que o espírito dos novos tempos é sermos tão independentes que podemos ATÉ escolher casar! Não porque precisamos, mas porque queremos!

Mas, se a mulher adotou o sobrenome do marido quando casou e agora vai se divorciar, pode optar por permanecer com o sobrenome, se ele não se opuser. Caso ele se oponha, e ela queira manter o nome de casada, terá de provar ao juiz que a perda do sobrenome pode trazer algum tipo de prejuízo. Por exemplo, se a vida profissional foi toda construída com o nome de casada, adotar agora o nome de solteira fará com que as pessoas não reconheçam mais o seu nome no ambiente profissional.

Na maioria dos casos, aconselho a não colocar no seu nome um sobrenome que não seja seu. Se já colocou, o divórcio é o momento de tirar o nome do ex. Dá trabalho, é assim que você se reconhece, mas vale a pena! Sua vida está prestes a mudar radicalmente, o tempo passa, a caravana da alegria vai andar, e carregar aquele sobrenome poderá não fazer nenhum sentido para você daqui a vinte anos.

ESTADO CIVIL

Essa é fácil! Temos quatro opções: solteiro, casado, divorciado e viúvo.

> Quem vive em união estável e nunca tinha se casado antes é solteiro.
> Quem dissolve uma união estável permanece solteiro.
> Quem era casado e se divorciou é divorciado.
> Quem é divorciado e vive há anos numa união estável é divorciado.
> Quem era casado, se separou de fato mas ainda não se divorciou é casado (mesmo que esteja vivendo com outra pessoa).
> Quem vive em união estável pode se referir ao outro como companheiro, mas seu estado civil continua sendo solteiro.

Por fim, fugindo um pouco do tema casamento/divórcio, apenas para esclarecer duas dúvidas comuns nos dias de hoje: *É namoro ou união estável?*

Relacionamento afetivo pode ser uma complicação, mas namorar é bom demais, não é? É o melhor "estado civil" de todos. É leve, é apaixonado, não deve ter expectativas nem cobranças, um namoro bom e saudável é a melhor coisa mundo. Mas o ser humano tem esse hábito de complicar o que é simples e agitar o que está calmo. E, agora, até os namoros estão em risco. Por isso faço uma breve observação aqui, ou melhor, um protesto **pelo direito de as pessoas namorarem** sem que isso lhes traga riscos de serem acionadas judicialmente para elevar o status do namoro à suposta união estável.

Hoje, como tudo é mais possível, é muito comum namorados dormirem na mesma casa, dividirem despesas e funções. Como diferenciar se esse relacionamento aos olhos da sociedade é considerado namoro ou união estável? Como já disse na rede de apoio, ninguém tem nada a ver com sua vida, e quem sabe dela é você. A mesma coisa vale para o casal de namorados! Perguntem-se um ao outro: "Isso que estamos vivendo é namoro ou união estável?". E respondam juntos a essa pergunta. A diferença entre uma situação e outra é o que em "juridiquês" chamamos *animus*, ou seja, a vontade. Qual é a vontade do casal?

Vale informar que namorar é *free*: não implica nenhum dever jurídico que possa ser pleiteado. Já união estável, como dito, equipara-se ao casamento com todas as suas consequências.

Isso posto, como um sujeito pode namorar em paz? Não pode. Porque qualquer ex-namorado pode, na hora do término, enlouquecer e querer brigar por direitos alegando que vivia, na verdade, em união estável apenas para manter o vínculo com o ser amado, nem que seja por meio do ódio.

A não ser... que... a fim de evitar esse tipo de problema, o casal de pombinhos que está muito feliz namorando, e assim deseja permanecer, faça uma "declaração de namoro" registrada, na qual ambos informem que aquela relação tem – para ambos – o *animus*, a intenção, a vontade de ser um namoro e que, tão logo desejarem – se vierem a desejar – elevar essa relação à condição de união estável, ou casamento, o farão de forma declarada. Essa declaração devidamente assinada pelos dois não impede o inconformado de, ainda assim, alegar a existência de uma união estável perante a justiça, mas o documento servirá como uma prova importante que deverá ser levada em conta pelo julgador no momento de sua decisão.

Pelo amor de Deus, minha gente, vamos pelo menos namorar em paz!

E os casais homoafetivos, transgêneros, transexuais?

Todos os direitos tratados neste manual são decorrentes de relacionamentos afetivos, portanto, não importa quem são os agentes, nem qual é sua orientação sexual, nem a estrutura de suas famílias. A Lei é para todos. E para todas as famílias. E, mesmo os direitos e deveres sendo iguais, há uma insistência social por estatísticas que vivem gerando pauta em noticiários: Há mais casamentos entre pessoas do mesmo sexo? Quem se divorcia mais, gays ou héteros?

Os filhos de casais homossexuais estão mais bem ou mais mal preparados para o mundo? São questões que podem ser interessantes para estatísticas e geram curiosidade suficiente para aumentar a venda de jornais ou revistas, mas a grande verdade é que, quando se trata de afeto e, portanto, subjetividade, nunca haverá um padrão, e sempre estaremos perdendo tempo em qualquer tentativa de catalogar ou categorizar as relações afetivas.

Embora nunca tenha trabalhado diretamente com o desfecho de um casamento homoafetivo, tendo a crer que são uniões mais bem constituídas em sua origem. Explico: como as estatísticas indicam que há mais heterossexuais do que LGBTs em nossa sociedade, estes últimos enfrentam mais desafios, precisam se descobrir, entender sua sexualidade, fazer necessariamente as perguntas que recomendo no início deste manual. O caminho do autoconhecimento em geral é trilhado com grande dificuldade, e, portanto, essas pessoas tendem a ter parcerias mais conscientes do propósito de estarem juntas. Repito: o amor é mais forte e verdadeiro quando se sabe vulnerável. Portanto, sempre que há mais consciência, há mais verdade, autoria e cuidado. A ideia é que todos os relacionamentos se formem com essas bases, independentemente de cor, gênero, idade ou forma, pois o encontro será sempre das almas.

PARTE IV

BONANÇA

PÓS-DIVÓRCIO: UM NOVO COMEÇO

O BOM DIVÓRCIO

Construir um acordo de divórcio não é tarefa fácil, como você pôde perceber nesta breve leitura. Muito pelo contrário. Muito mais fácil é procurar um advogado que entre com um processo por você e deixar um juiz decidir os rumos de sua vida. Toda a responsabilidade fica nas mãos dele, e, no final, você fica sujeito àquela decisão. Paciência. Foi a "justiça" que decidiu assim.

Há casos, claro, que precisam ser judicializados, mas são a exceção. A regra é cada membro do ex-casal entender que, para ficar bem, todos os demais componentes da família também precisam ficar bem. Esse é o mistério da família. A felicidade de um depende da felicidade do outro. Antes, durante e após o divórcio.

A construção de um acordo vai exigir muito mais de você, como tentei demonstrar neste manual: autoconhecimento, mea-culpa, disposição para ceder, ânimo para brigar, consciência para se responsabilizar, coragem para dizer *não* e para dizer *sim*, capacidade de enfrentar a si, aos outros e à vida, inspiração para se reposicionar. Encarar medos, apostar em você, deixar o outro ir e deixar-se ir também, rumo a um futuro muito diferente do que tinha sido planejado e sonhado.

O novo é assustador, mas traz em si um frescor revigorante. Se você enfrentou os desafios impostos pelo divórcio e chegou ao outro lado, não deixe de se orgulhar de si mesmo. E seguir feliz consigo mesmo de agora em diante. Há uma vida todinha nova esperando por um você todinho novo. É tempo de comemorar!

SINAIS DE QUE O SEU FOI UM BOM DIVÓRCIO

A guarda dos filhos ficou compartilhada, e, bem ou mal, todos estão conseguindo se adaptar às questões relativas à nova rotina.

- Cada um está em posse da parte do patrimônio que construiu e que lhe cabia.
- As ajudas financeiras mútuas e para os filhos estão de acordo com o necessário em tempo e realidade da família e das possibilidades futuras.
- Ninguém se deu bem, ninguém se deu mal. Todos se deram mal, e todos se deram bem.
- Todos estão prontos e capazes para uma nova vida.
- E até sobraram uns fins de semana livres que podem ser dedicados exclusivamente a você. (O sonho de muito casal casado!)

O ex era mesmo um chato, e foi uma sorte danada ter se livrado dele. Nessa hora você vai conseguir soltar algumas gargalhadas bem boas! E se olhar melhor no espelho e perceber que está vivo, e diferente. Você acredita mais em si mesmo porque sobreviveu. A vida não é para amadores, e se tem uma coisa que você não é mais, é amador. Há muito mais tempo para pensar no que gosta, no que quer para sua vida e, principalmente, ter a certeza do que já não aceitará mais de jeito nenhum.

Aos poucos, tudo vai entrando nos eixos, e a vida volta a acontecer. E quando a vida voltar a acontecer, é sinal de que você enfrentou um Bom Divórcio. O passado ficou para trás. O futuro está pleno de novos projetos. Sua bagagem deve estar leve, tendo deixado tudo que não servia mais pelo caminho, mas a alma carregada de aprendizados que só quem se divorcia tem a oportunidade de experimentar e compreender.

Já dá até para cantar alto essa do Lulu, não dá?

Ainda vai levar um tempo
Pra fechar o que feriu por dentro
Natural que seja assim
Tanto pra você quanto pra mim

Ainda leva uma cara
Pra gente poder dar risada
Assim caminha a humanidade

Com passos de formiga
E sem vontade

Não vou dizer que foi ruim
Também não foi tão bom assim
Não imagine que te quero mal
Apenas não te quero mais.

Maria e Eduardo se conheceram ainda na adolescência, aos 13 e 14 anos, respectivamente. Ele foi morar no prédio onde ela tinha nascido, e pouco depois de se conhecerem os dois começaram a namorar. Descobriram juntos o sexo, as primeiras viagens, o vestibular, a faculdade. Depois que ambos se formaram, o casamento era praticamente uma consequência lógica. Ninguém nunca tinha visto um sem o outro — nem eles. O casamento, depois de doze anos de namoro, foi a maior festa, com a presença dos muitos amigos em comum, amizades que existiam desde que se entendiam por gente.

Um ano depois, a notícia do divórcio caiu como uma bomba para a comunidade que os cercava. "Como assim?!" Ela tinha se descoberto numa paixão avassaladora por um antigo conhecido, que, inclusive, esteve presente na festa de casamento. Choque. Traição. Confusão. Vários mundos ruíam com aquele divórcio. Por terem sido os primeiros da turma a casar, todos os eventos aconteciam na casa deles, que vivia lotada, era o ponto de encontro e endereço de muitas festas — inclusive uma Copa do Mundo tinha sido assistida inteira lá.

Com a nova configuração, os amigos já se dividiam entre o lado dela e o dele. Em comum, a sensação generalizada de desorientação, com todos se sentindo perdidos como formigas quando se pisa em um formigueiro. Formigas procurando sua frente de batalha.

Até que Eduardo e Maria deram o comando: não haveria batalha, os dois seguiriam amigos, e não havia nenhuma razão para tomadas de posição. Tinham sido muito felizes juntos, queriam continuar muito felizes separados.

Na prática, alguns amigos não conseguiram conviver com a nova paixão de Maria logo de imediato — nem ela esperava que fosse assim. Já Eduardo foi finalmente experimentar a vida sozinho e avaliar sua cotação no mercado. Ficou feliz com o resultado. Passado um tempo, acabou se casando de novo, e com uma amiga que também tinha estado na festa de casamento.

Se no dia do casamento de Eduardo e Maria um profeta tivesse baixado na porta da igreja e anunciado: "Este casamento não dura um ano, e vocês vão recasar com duas pessoas sentadas nesses bancos", todos teriam achado impossível. Mas assim é a vida. O impossível está sempre à espreita, esperando uma oportunidade.

Mesmo com a disposição de continuar amigos, o acordo de divórcio não foi fácil. Na dor da rejeição, na hora da partilha, Eduardo fez questão até dos guardanapos, por mais que racionalmente tenha sido elegante. Maria, tomada pela culpa, mandou ele levar tudo. Algumas mágoas ficaram pelo caminho. O futuro precisou ser reconstruído por completo, até porque os filhos que sonharam em ter durante doze anos não chegaram a nascer. Embora as frentes de batalha não tenham se formado, a verdade é que cada um foi para um lado viver sua nova vida, e os amigos ficaram do lado de quem quiseram, mas todos juntos, nunca mais.

Vinte anos depois do divórcio, a turma toda se reencontrou, mas em circunstâncias de muita tristeza, saudade e boas lembranças, no funeral de um amigo em comum que morreu. Quando Maria e Eduardo se abraçaram forte e longamente, todos pararam por um minuto para olhar. Depois, ele foi para um lado, ela foi para o outro. Aquele abraço foi coletivo e mostrou como pode ser um Bom Divórcio. Hoje, ambos seguem casados com os segundos cônjuges, e cada um tem três filhos que ainda nem desconfiam que seus pais foram casados antes.

Talvez o mais importante desses aprendizados seja tomar consciência de que você sempre foi e sempre será o único dono da sua história. E, assim, é o único responsável por ela. Do seu casamento com você mesmo nascerá a capacidade de viver do seu jeito. De se aceitar como alguém capaz de erros e acertos. De reconhecer pequenezas e orgulhar-se das surpresas escondidas na alma. De ser você em sua melhor versão, ou preocupar-se em buscá-la. Forte o suficiente para recomeçar sempre que for preciso.

Diana Poppe

É possível que você não vivencie todas as questões trazidas neste manual, mas muitas delas vão acontecer, e causar sofrimento. Como escrevi no começo, espero que essa leitura o ajude a sofrer só o necessário e que você consiga fechar a porta desse casamento com cuidado. Agora é só respirar fundo e olhar à sua volta nessa sala escura. A janela está logo ali. Abra. Uma nova vida espera por você, e que bons ventos o acompanhem.

Boa sorte a todos!

E que tal terminar cantando mais essa do Lulu?

Eu vejo a vida melhor no futuro
Eu vejo isso por cima de um muro
De hipocrisia que insiste em nos rodear

Eu vejo a vida mais clara e farta
Repleta de toda satisfação
Que se tem direito do firmamento ao chão

Eu quero crer no amor numa boa
Que isso valha pra qualquer pessoa
Que realizar a força que tem uma paixão

Eu vejo um novo começo de era
De gente fina, elegante e sincera
Com habilidade pra dizer mais sim do que não

Hoje o tempo voa, amor
Escorre pelas mãos
Mesmo sem se sentir
Que não há tempo que volte, amor
Vamos viver tudo que há pra viver
Vamos nos permitir

Eu quero crer no amor numa boa
Que isso valha pra qualquer pessoa
Que realizar a força que tem uma paixão

COMBINADOS QUE NÃO SAEM CARO

O manual já está acabando, mas, como sua vida vai seguir, aqui vão algumas dicas para os próximos relacionamentos.

É *muito* importante para o casal conversar sobre suas expectativas e seus medos. Infelizmente, o que em geral se faz é não tocar em assuntos delicados, acreditando que vai dar tudo certo. Não vai dar. Ou pode ser até que dê. Mas a que preço? Assuntos delicados:

FILHOS

Vamos ter? Quantos? Quero uma família grande. Quero uma família pequena. Não quero filhos. E se vier um filho especial? E se forem gêmeos? E se for homossexual? Você aceita filhos do casamento anterior? Acha que dá para morarmos todos juntos? Os meus, os seus e os nossos? E se nos separarmos? Não quero namorada nova cuidando dos meus filhos. Nem eu quero homem morando na nossa casa com nossos filhos. E por aí vai. São muitas as possibilidades, mas há que se ter uma filosofia comum para o barato não sair caro. Isso ajuda demais. E, se não ajudar, com certeza não atrapalha.

Vai ter outros filhos em um novo casamento? Abra espaço para o exercício da parentalidade do outro, à sua maneira, independentemente do que você considera certo e adequado, experimentando e aceitando outras formas de fazer a mesma coisa. Todos ganham com menos verdades.

BENS

Qual vai ser o regime de bens? O que cada um considera justo? Falem sobre isso antes. Uma vida em comum significa também, em regra, um patrimônio em comum. Se querem, devem conversar. Se não querem, aí mesmo é que precisam conversar, já que será necessário um pacto antenupcial. Dê ao dinheiro a dimensão que tem. Ele é uma resposta muito fácil, e respostas fáceis, normalmente, não são a resposta certa. Que as experiências de vida enriqueçam mais sua alma.

TRABALHO

Os dois pretendem trabalhar? Alguém vai parar de exercer atividade remunerada para cuidar de filho? Quem? Depois não vale cobrar o outro pela falta de empregabilidade por ter se afastado do mercado. Se foi uma decisão conjunta, assumam as consequências juntos. Essa pausa na vida profissional é temporária ou permanente?

Uma das causas mais frequentes de divórcio está ligada a casais que trabalhavam quando decidiram casar, mas, depois dos filhos, um dos dois não retoma sua atividade, ou resolve se dedicar a alguma outra coisa que não traz recursos para a família e, sim, investimentos. Isso é muito comum e tem um potencial incrível para destruir casamentos, porque, além de as relações se desequilibrarem, o provedor fica sobrecarregado e comumente se sente usado ou enganado. A ele não é dada a oportunidade de largar tudo, ainda mais depois dos filhos!

Então é bom entender que, num casamento, existem as escolhas individuais e as escolhas familiares. Quando uma decisão pessoal afeta a família, ou seja, o todo, ela deve ser feita em parceria para que o todo se reorganize e, sempre, com verdade e foco no projeto comum. Quando não é assim, *o todo* fica menor que o eu, e isso, normalmente, acaba em divórcio. Deixar o dito pelo não dito, com uma série de presunções que podem ser equivocadas, é um problema gravíssimo que pode ser evitado com facilidade. Não quer tocar em assuntos delicados no início porque vive num clima *só love* e está tudo bem? Imagine tocar nesses assuntos depois que já são uma realidade, e está tudo mal?

Todos temos medos e desejos. Compartilhe-os. Não se iluda nem crie sozinho suas próprias verdades. A ilusão cobra um preço muito alto.

PARTE V

ANEXOS

A FORMAÇÃO DA CULTURA DO LITÍGIO NO BRASIL

Em um plano de quatro gerações (indo dos avós aos filhos), consegue-se ter uma melhor noção da velocidade da mudança dos tempos e de como ela afeta diretamente nossa vida, **porque as escolhas dependem das possibilidades.**

Assim, os avós ou bisavós de quem tem idade para se divorciar hoje no Brasil viveram em uma sociedade patriarcal, hierárquica, agrária, machista e escravocrata.

Como já foi dito aqui, não havia interesse social nem econômico no divórcio, e, portanto, essa solução foi preterida, combatida, renegada e malvista pela sociedade.

Durante mais de 95% da história do Brasil, o divórcio não era uma possibilidade. Ele só passou a ser possível no dia 26 de dezembro de 1977, com a promulgação da Lei nº 6.515, elaborada pelo senador Nelson Carneiro, que precisou aguardar 26 anos para conseguir sua promulgação, em plena ditadura militar. O hercúleo enduro empreendido pelo senador foi uma das mais duras batalhas de que se tem notícia no Brasil. Ou seja, a geração dos pais de quem tem idade para se divorciar hoje em dia foi a primeira para a qual o divórcio figurou como uma possibilidade legal.

A lei dizia em seu artigo 2º, inciso IV, que a sociedade conjugal terminaria pelo divórcio e, na seção I, que os juízes deveriam promover todos os meios para que as partes se reconciliassem, ou transigissem, ouvindo pessoal e separadamente cada uma delas, reunindo-as em sua presença, se considerasse necessário.

Já o artigo 5º da mesma lei facultava aos cônjuges imputar ao outro conduta desonrosa ou qualquer ato que importasse em grave violação dos deveres do casamento, tornando insuportável a vida em comum.

Essa lei representou para a época um enorme avanço social, na medida em que viabilizou, embora com inúmeras condições, a liberdade que representa o divórcio em si.

Ressalta-se que, aos olhos da Igreja, até hoje o homem não separa o que Deus uniu.

Assim, fazendo uma análise histórica do que culturalmente representou a Lei do Divórcio, pode-se dizer que foi um remédio que curou, mas deixou um efeito colateral que sofremos até os dias de hoje. Isso porque as várias condições exigidas pela lei para que a decretação do divórcio fosse possível, num Estado paternalista, criaram um terreno fértil para a atribuição de culpas e responsabilidades ao outro, no momento em que o Estado exigia uma prestação de contas do casal que se divorciava, para decretar ou não o pedido de divórcio.

A atribuição de culpa ao outro produz automaticamente o discurso da vitimização, que, por sua vez, impossibilita uma postura de autoimplicação e assunção de responsabilidades.

No Brasil, a Lei do Divórcio dá força ao movimento feminista que começa a entrar em ebulição na década de 1980. A luta feminina para ocupar novos espaços dentro da sociedade começa a provocar um equilíbrio entre homens e mulheres dentro da família, fazendo cair por terra a estrutura patriarcal e hierárquica que era a realidade até então. Eu me lembro muito do seriado *Malu mulher*, interpretado por Regina Duarte. Era muito moderna a postura dela, mulher, sozinha com uma filha, encarando uma separação e o preconceito social pela independência que buscava. Era um movimento ativo em busca da liberdade. A Constituição Federal de 1988 assegurou a igualdade de gêneros na teoria e no plano formal.

Ao olharmos agora para aquela época, fica fácil entender o movimento, mas é preciso ter consciência de que essa foi uma história de lutas. A mulher teve de brigar por seus espaços, e o homem, consequentemente, teve que se moldar e reinventar seu papel social. E tudo isso num cenário de conflitos, litígios, disputas de poder e imputação de culpas, ainda que elas não existissem.

Os anos 1970 e 1980 foram também um momento histórico de revolução sexual, que proporcionou novas experimentações e desejos, que encontrou na psicanálise a forma de dar conforto e vazão a esses novos acontecimentos, embora tudo isso fosse envolvido por um turbilhão de preconceitos, já que a sociedade ainda era essencialmente machista e patriarcal.

O SURGIMENTO DO PROFISSIONAL DE FAMÍLIA

É nesse momento histórico de mudança comportamental que surge a figura do profissional de família. Entretanto, ele surge desprestigiado no meio de seus colegas de outras áreas da prática jurídica, uma vez que o Direito de Família era considerado menor, menos importante, mais "fácil", coisa de quem preteria a ciência para se entreter com "frivolidades". O padrão era o pensamento cartesiano, que valorizava as ciências exatas, a engenharia, a matemática. Os valores eram moldados de forma taxativa: o certo e o errado, o bom e o mau.

Dessa forma, primeiro o grande advogado pedia ao estagiário, sem nenhuma especialização na área, para cuidar do caso de um amigo, cunhado ou vizinho. Depois, começaram a surgir as grandes disputas judiciais, e a especialização tornou-se necessária, mas voltada para esse cenário de lutas por direitos negados pela sociedade da época, pois ainda havia, na família, todo um preconceito contra a mulher e todo um privilégio do homem. Falava-se em crime de adultério, mulheres perdiam o direito de criar os filhos, homens feridos em sua honra não tinham noção de como criar os filhos, mas eram bem-vistos aos olhos da sociedade na essência preconceituosa. O bem e o mal eram socialmente muito claros no momento do julgamento.

Muitas batalhas judiciais foram travadas, e o litígio era uma máxima nas varas de família. Aprendia-se nas faculdades: primeiro entra-se com a ação, depois, se for o caso, pensa-se em um acordo. E o bom advogado era o que mais batalhas judiciais travava nos fóruns.

Esse foi um cenário cultural, paradigmático, absolutamente compreensível em um momento em que se lutava contra os preconceitos e privilégios de uma sociedade machista, patriarcal e excludente, o cenário onde se criou a cultura do litígio. Um era o culpado, o outro era a vítima: vamos ver quem ganha essa batalha. Famílias inteiras foram destruídas na busca do certo e do errado dentro da cultura do pensamento cartesiano de causa e efeito. Devemos a essas famílias e a esses advogados a grande revolução que experimentamos nos dias de hoje.

Felizmente, o pensamento cartesiano deu lugar ao pensamento sistêmico, presente em nossa vida nos dias de hoje. O pensamento sistêmico é uma abordagem atual que amplia nossa visão sobre o mundo à medida que analisa os acontecimentos, sejam eles em plano micro ou macro, de forma a contextualizá-los dentro de um tempo, uma cultura, uma visão de mundo.

Há poucos anos, com a entrada em vigor da Emenda Constitucional 66/2010, a possibilidade de atribuição de culpa pelo divórcio acabou. Essa emenda foi iniciativa do IBDFAM, por meio do deputado Sérgio Barrada Carneiro, outro "Carneiro" baiano que revolucionou nosso Direito de Família. Portanto, quem tem hoje entre 30 e 50 anos, aproximadamente, pertence à primeira geração capaz de se divorciar sem atribuir (ou assumir) culpa pelo fim do casamento.

De um dia para o outro, tudo mudou. O advogado acostumado a promover ações judiciais não tinha mais argumentos para propô-las. Cada cônjuge que desejasse se divorciar tinha de se responsabilizar por essa decisão, sem precisar mais se justificar, nem poder culpar ninguém ou se vitimizar. Ainda é pouco tempo. Os profissionais do Direito de Família, a sociedade e as instituições, tanto de ensino quanto do poder Judiciário, ainda vivem sob a lógica e a dinâmica do conflito, porém, com raras exceções, não há mais pelo que brigar. Já se sabe que a família é uma entidade que deve promover o livre desenvolvimento da personalidade e da felicidade de todos os seus membros, sem distinções.

Vivemos tempos de total liberdade de escolha no âmbito privado. O Estado deixou de ser paternalista. A família deixou de ser patriarcal. As famílias estão se formando cada uma à sua maneira, e ser preconceituoso hoje é politicamente incorreto. O jogo mudou.

A CONSTRUÇÃO DO NOVO PROFISSIONAL DE FAMÍLIA

Em seu livro *Caixa de ferramentas em mediação*, Tania Almeida descreve o pensamento sistêmico:

> *As mudanças paradigmáticas se dão a partir do consenso sobre a insuficiência e a ineficácia do paradigma vigente. Por isso mudamos ao longo do tempo as leis, os comportamentos, a maneira de vestir etc. Essas mudanças consistem em processos e, por vezes, se dão a partir de um movimento que inclui experimentação do novo e visitas ao antigo jeito de ser ou proceder. Um ir e vir denominado por Dora Schnitman estado oscilatório — um movimento pendular entre o novo e o antigo paradigmas até que o mais recente possa se instalar na cultura.*

É importante frisar esse pensamento porque é exatamente o que os profissionais de família vivenciam hoje na sua atuação prática. A dinâmica do conflito vem dando lugar, pouco a pouco, a formas não adversariais de resolução dos problemas.

Há um entendimento geral negativo para a palavra *conflito* que leva a pensar que, para um ganhar, o outro precisa perder. O próprio dicionário *Aurélio* reafirma essa percepção, na primeira definição da palavra *conflito*: "Embate de pessoas que lutam". Uma vez instaurado o conflito, costumamos agir/reagir em vez de refletir. Inicia-se a batalha pela vitória, seguindo a lógica de agredir o outro e falar bem de si.

Desacordo, impasse, divergência de opinião, diferentes pontos de vista... Qualquer uma dessas expressões nos remete à curiosidade, não à vitória. E, sem a gana de vencer mas com vontade de entender, somos capazes de olhar, ouvir e entender o outro.

O movimento pendular dos novos tempos, portanto, balança exatamente sobre a noção do que representa o conflito. Algo negativo, mas necessário, no passado e ainda agora — e algo positivo, no futuro e já agora, uma vez que estamos indo e voltando. Negativo no passado porque pressupunha os conceitos de derrota e vitória. Positivo no futuro porque passa a ressaltar o lado bom de divergir, que pressupõe ouvir, entender, aceitar, adequar, adaptar, enfim, atitudes que nos tiram de um lugar e apenas nos colocam em outro, mas sempre levando os interesses do outro em consideração e gerando resoluções de benefício mútuo.

É nesse momento histórico que podemos estabelecer a nova função social do profissional de família como agente de pacificação social, e não mais agente instaurador dos conflitos em âmbito familiar.

O pensamento sistêmico foge da lógica cartesiana, integra conceitos, disciplinas e fontes de saber, e veio modificar e ampliar nossa lógica adversarial, introduzindo conhecimentos da psicanálise na nossa prática. A doutrina e a jurisprudência produzidas recentemente já são claras ao introduzir a necessidade de focar muito mais a subjetividade do que a objetividade das demandas pessoais. Entender o que está por trás da fala de um cliente é um atributo fundamental para a realização de um bom trabalho em Direito de Família. A lógica binária do certo/errado deixou de fazer sentido, e o profissional que estava acostumado com ela precisa se reinventar urgentemente, sob pena de perder o bonde da história.

É importante citar, neste momento, um pequeno trecho do livro *Princípios fundamentais norteadores do Direito de Família*, de Rodrigo da Cunha Pereira:

> *Uma das grandes contribuições da psicanálise à prática jurídica é que, ao revelar uma outra realidade que é psíquica, desvenda uma subjetividade e razões inconscientes (se é que o inconsciente tem alguma razão) que fazem quebrar a máxima jurídica "o que não está nos autos não está no mundo". Embora não estejam ali no mundo objetivo dos autos, as razões subjetivas e o gozo estão presentes, perpassando a cena objetiva do processo e dando ao mundo dos autos um destino muito diferente daquele que teria se estivessem presentes, apenas, os aspectos objetivos.*

Vivemos, portanto, um período de grande reinvenção, pois o advogado, o juiz e o promotor não são psicólogos nem terapeutas. A postura que se espera do profissional hoje não é nem de terapeuta, nem de psicólogo, mas de *responsabilidade*.

Dentro do Direito de Família, fala-se muito em "compartilhamento de responsabilidades", "dever de cuidado" e "ética de responsabilidade". Pois essa mesma lógica também deve permear a relação cliente-advogado, parte-Estado. Da mesma forma que a mudança da lei provocou a autoimplicação da sociedade e exige todos os dias seu amadurecimento, essa mesma sociedade deve exigir, em contrapartida, o amadurecimento dos profissionais que vão lhe servir.

O profissional de família de hoje não pode mais se eximir da responsabilidade social de *aconselhador* com base nas leis, na jurisprudência e na sua experiência. Ele precisa saber que sua conduta faz toda a diferença na resolução de um conflito no âmbito familiar. O profissional entra em cena em um dos momentos mais difíceis da vida das pessoas, quando a sensação é de que o mundo desabou, e as referências e projetos deixaram de existir. Estamos diante de pessoas fragilizadas, assustadas e amedrontadas, e por isso mesmo o aconselhamento de um advogado de família é muito pouco questionado.

Por conta do pêndulo que vai e volta e por termos vivido tantos anos sob a lógica adversarial, é muito comum que os clientes e as partes procurem o profissional de família para repetir o modelo vivido por seus parentes e amigos. Mas, se nessa hora o profissional orienta para a reconstrução, para o amadurecimento, para a assunção de responsabilidades, ele costuma receber de volta um olhar muito mais aliviado e feliz de quem o procura. É fundamental promover, com o cliente, o entendimento de que ele não chegou até ali sozinho, todos erram e todos acertam e não é o momento de culpar ninguém, mas, sim, de reconstruir. Ou seja, dar ao cliente uma visão de futuro e convidar a uma reflexão mais abrangente da situação.

É importante salientar que o profissional de família pode e deve contar com profissionais de outras áreas, sempre que necessário, para aplicar seu olhar e entendimento sobre determinadas situações. É nesse momento que fica claro que ele não precisa ser terapeuta, mas ter escuta, sensibilidade e interesse, para entender do que se está realmente falando e apontar os melhores caminhos possíveis. Essa conduta serve para juízes e promotores também.

Essa nova prática, porém, ainda é difícil, porque o profissional consciente de sua responsabilidade encontra muitas vezes no cliente uma expectativa de conflito que ele precisa habilmente desconstruir (com técnicas, ferramentas, conhecimento teórico e prático), algumas vezes frustrando as expectativas iniciais do seu cliente que tinha "sangue nos olhos". É preciso ter segurança para não suprir essas expectativas e apresentar novas abordagens, com opções de caminhos menos beligerantes e desgastantes.

Além disso, ultrapassado o estranhamento inicial do cliente (que na grande maioria das vezes se convence com facilidade da ideia da reconstrução), o advogado de família que exerce essa nova prática e abordagem encontra no colega, advogado da outra parte, uma nova barreira, caso ele ainda esteja trabalhando pela lógica adversarial. Depois, novamente no cliente, que vai precisar de recursos emocionais para ceder, adequar, repensar, aceitar.

Não é fácil, não é para qualquer um.

O profissional qualificado hoje precisa ter conhecimento das novas qualidades necessárias inerentes à sua área e, também, das novas formas não adversariais de resolução dos conflitos: mediação, práticas colaborativas, inclusão de equipes interdisciplinares etc. Tem de estar dotado desses saberes não porque vá ser um mediador — o que também não é para qualquer um —, mas para poder mapear e oferecer os melhores caminhos disponíveis para cada caso.

Essa nova forma de atuar traz o protagonismo para o cliente: ao ser apresentado ao cenário completo e a todas as suas possibilidades, de modo a fazer uma escolha consciente e esclarecida, ele passa a ser autor do próprio destino e a ter consciência não só de seus interesses e limitações, mas também dos interesses e das limitações do outro. No fim do processo, o cliente termina entendendo a importância de soluções que encontrem o benefício mútuo, reestruturações que se mostrem duradouras no tempo e reflitam um exercício ético da profissão.

OUTRAS MUDANÇAS SOCIAIS NECESSÁRIAS

Estamos em constante movimento de mudança, uma vez que a experimentação das liberdades individuais é nova, recente e muitas formas de família ainda vão surgir. O movimento que provocará, ao final, a mudança de cultura que se espera não tem de vir só dos advogados. São três os pilares que precisam emergir em conjunto: profissionais do Direito de Família, sociedade e instituições — tanto as de ensino quanto o poder Judiciário.

Ao profissional que vinha trabalhando exclusivamente sob a ótica do litígio cabe, no contexto atual, se reinventar. Ele precisa tomar conhecimento das novas formas possíveis de resolução dos conflitos de família, além de refletir sobre se considerar apto a encarar a conduta exigida pelos novos tempos, assumindo as responsabilidades inerentes ao fato de ser um profissional de família, no Brasil, nos dias de hoje.

Cabe às universidades formar os futuros profissionais já sob essa nova ótica, para que eles não precisem se reinventar ao longo da lida. É delas que sairão os novos advogados, juízes, promotores e desembargadores, que, se já saírem preparados, saberão da responsabilidade que terão de enfrentar caso escolham, ou se vejam, dentro de uma vara de família. É preciso enxergar o novo Direito de Família com as singularidades que lhe são inerentes e começar a implantar, desde os primeiros passos do aprendizado, a ideia de ética da responsabilidade no tratamento de questões tão melindrosas.

Precisamos que o Estado, por meio de seus concursos públicos, direcione a vocação dos concursados, para que assumam varas de família apenas aqueles que de fato quiserem estar ali, porque, repito, não é para qualquer um. É claro que esse ponto é mais utópico numa realidade como a nossa, em que, em muitas regiões, as varas são únicas. Mas esse é um objetivo a ser perseguido e, se um dia for feita uma pesquisa sobre o impacto de se direcionarem profissionais vocacionados e bem preparados para seus campos de competência, otimizando suas atuações, sem dúvida ficará evidenciado o ganho econômico desse tipo de abordagem, sem falar na contribuição para a paz social.

E, por fim, essa conscientização tem de vir da sociedade. Mães, pais, filhos, amigos, tios, avós, maridos, mulheres, sempre teremos algum papel a desempenhar na sociedade, e cada um de nós certamente tem uma experiência pessoal ou próxima para contar. É preciso que haja um amadurecimento da sociedade no que diz respeito a suas responsabilidades e expectativas para que, caso alguém sugira a um amigo, a um filho, a um cliente que entre numa briga gratuita, esse pessoa possa simplesmente dizer: *não, obrigado.*

A FAMÍLIA E O TEMPO

Escreveu o professor Paulo Lôbo em seu livro *Famílias contemporâneas e as dimensões da responsabilidade*: "A família, mais do que qualquer outro organismo social, carrega consigo o compromisso com o futuro, por ser o mais importante espaço dinâmico de realização existencial da pessoa humana e de integração das gerações".

Famílias seguem exemplos, sejam eles bons ou maus. Da mesma forma que hoje ainda se tenta repetir o modelo adversarial enfrentado por pais e avós, uma família reestruturada pós-divórcio terá uma experiência vivida por seus descendentes que provavelmente será repetida num futuro próximo.

Depois de tantos anos de história, apesar de estarmos vivendo momentos de redefinições, quebras de paradigma e muito trabalho, a verdade é que o cenário nunca foi tão positivo em termos de conquistas. As liberdades individuais experimentadas hoje ainda trarão muita novidade ao mundo.

Um Bom Divórcio hoje, no universo micro de cada família, tem uma repercussão, a longo prazo, capaz de representar uma mudança de cultura primordial aos novos tempos. O pêndulo da mudança vai parar de oscilar quando fincarmos os dois pés nesse novo mundo que já é real, que já mudou. E para muito melhor. Vamos aproveitar!

AGRADECIMENTOS

Depois de dezessete anos de trabalho, um dia sentei e escrevi. Escrevi muito. O material saiu desenfreado e desnorteado. Entreguei tudo para a querida amiga Nana Vaz de Castro. Ela viu a luz no fim do túnel, e aqui estamos. Nana, muito obrigada.

Família: mãe, pai, irmão, avós, tias, tio, afilhados, sobrinho e todos os agregados pelos casamentos: somos várias existências, um só coração. Só nós conhecemos nossa intimidade. Só nós nos amamos de verdade. E o amor não é fácil. Obrigada. Mas preciso agradecer especialmente à minha mãe, Noemi Silveira, porque leu, releu, leu de novo e deu ótimas ideias. Muito obrigada, mãe, por tudo.

Dani Sabbag, Tati Mena Barreto, Renata Melki, Mercedes Marinho, toda a ASMA, Crisblack, Lu, Laurinha, Ro, Gabi, Anna Paula, Julita, Bia, Ana, Wino e Rodolfinho, amigos cujos sonhos são meus sonhos, a felicidade é minha felicidade, e as tristezas são minhas tristezas. Esse meu sonho também era um sonho de vocês. Obrigada por todo o amor que compartilhamos.

Denise Wilson e Miyoko, uma cuida da minha alma, a outra do meu corpo. Obrigada.

Débora Thomé, obrigada por mostrar as pedras do caminho e sempre acreditar que podemos mais.

Marianna Chaves, jurista brilhante, generosa e inspiradora de um Direito de Família cada vez mais verdadeiro e eficiente. Obrigada por ter sido a primeira a ler este manual. Só quando você gosta eu fico tranquila.

Rodrigo da Cunha Pereira, obrigada por ter criado o IBDFAM, por ter escrito todos os seus livros, por estar tão à frente de seu tempo e nos trazer luz quando o caminho é só escuridão. Você transformou o Direito de Família no Brasil. Muito obrigada.

REFERÊNCIAS BIBLIOGRÁFICAS

LIVROS

ALMEIDA, Tania. *Caixa de ferramentas em mediação.* São Paulo: Dash, 2014.

FALCÃO, Adriana. *Mania de explicação.* 5ª. ed. São Paulo: Salamandra, 2001.

GIANNETTI, Eduardo. *O autoengano.* 4ª. ed. São Paulo: Companhia das Letras, 2005.

JAMES, Henry. *Pelos olhos de Maisie.* São Paulo: Penguin Classics Companhia das Letras, 2010.

LÔBO, Paulo. *"Famílias contemporâneas e as dimensões da responsabilidade", Anais do VII Congresso Brasileiro de Direito de Família: Família e Responsabilidade.* Porto Alegre: Magister/IBDFAM, 2010.

LUFT, Lya. *Secreta Mirada e outros poemas.* Rio de Janeiro: Record, 2005.

PEREIRA, Rodrigo da Cunha. *Divórcio: teoria e prática.* Rio de Janeiro: GZ, 2010.

_____. *Princípios fundamentais norteadores do Direito de Família*. 2ª. ed. São Paulo: Saraiva, 2012.

PESSOA, Fernando. *Odes de Ricardo Reis*. Lisboa: Ática, 1946.

SALINGER, J. D. *O apanhador no campo de centeio*. 19ª. ed. Rio de Janeiro: Editora do Autor, 2016.

MÚSICAS

ANTUNES, Arnaldo. *"Saiba"*, in: _____. *Saiba*. Rosa Celeste, 2004.

_____; MONTE, Marisa; BROWN, Carlinhos. *"Infinito particular"*, in: MONTE, Marisa. *Infinito particular*. EMI, 2006.

CANDEIA. *"Preciso me encontrar"*, in: CARTOLA, *Preciso me encontrar*. Gravação de Cartola, Discos Marcus Pereira, 1976.

SANTOS, Lulu. *"Assim caminha a humanidade"*, in: _____. *Assim caminha a humanidade*. RCA, 1994.

_____. *"Tempos modernos"*, in: _____. *Tempos modernos*. Warner, 1982.

Este livro, composto na fonte Avenir,
foi impresso em papel Avena 70 g/m² na Edigráfica.
Rio de Janeiro, janeiro de 2018.